하이데거의
『칸트와 형이상학의 문제』
읽기

세창명저산책 107

하이데거의
『칸트와 형이상학의 문제』
읽기

초판 1쇄 발행 2025년 2월 17일

–

지은이 설민
펴낸이 이방원
기획위원 원당희
책임편집 정조연   **책임디자인** 손경화
마케팅 최성수 · 김 준   **경영지원** 이병은

–

펴낸곳 세창미디어

신고번호 제2013-000003호 주소 03736 서울특별시 서대문구 경기대로 58 경기빌딩 602호
전화 02-723-8660 팩스 02-720-4579 이메일 edit@sechangpub.co.kr 홈페이지 http://www.sechangpub.co.kr
블로그 blog.naver.com/scpc1992 페이스북 fb.me/Sechangofficial 인스타그램 @sechang_official

–

ISBN 978-89-5586-838-8-02160

세창명저산책

하이데거의 『칸트와 형이상학의 문제』 읽기

MARTIN HEIDEGGER

107

설민 지음

세창미디어
MEDIA

들어가는 말

『칸트와 형이상학의 문제Kant und das Problem der Metaphysik』는 하이데거의 특유한 칸트 해석을 담고 있다. 하이데거에 따르면, 위대한 철학자를 해석한다는 것은 곧 그와 대결을 펼친다는 것이다. 그렇다면 그 책에는 두 위대한 철학자의 대결이 담긴 셈이다. 하이데거는 때로는 칸트의 철학을 발전적으로 수용하고 때로는 그와 비판적으로 거리를 두면서 자신의 철학을 확보했다. 이러한 대결의 세세한 결을 독해하는 작업은 그 자체로 무척 흥미롭다. 거기서 우리는 실로 칸트가 일찍이 말했고 하이데거 또한 따라 말했던 "철학함Philosophieren"을, 즉 죽은 철학이 아닌 살아 있는 철학을 경험할 수 있다.

이 책은 『칸트와 형이상학의 문제』에 대한 세밀한 해설서다. 실제로 이 책을 준비하는 데는 처음에 예상했던 것보다 훨씬 더 많은 시간과 노력이 들었다. 원서를 대략 대여섯 번 완독한 듯싶다. 물론 하이데거가 칸트 해석에서 주요 텍스트로 삼은 『순수이성비판』도 꼼꼼히 읽어야만 했다.

이 책에서는 편의상 『칸트와 형이상학의 문제』는 '칸트책'으로, 칸트의 『순수이성비판』은 『비판』으로 줄이고자 한다. '칸트책'의 독일어 원서는 2010년도에 비토리오 클로스터만^{Vittorio Klostermann}에서 제7판으로 출간된 전집 3권을, 『비판』의 독일어 원서는 1988년도에 펠릭스 마이너^{Felix Meiner}에서 출간된 판본을 활용하였다. '칸트책'을 인용할 때는 약어 'KPM'과 쪽수를, 『비판』을 인용할 때는 표준적 방식에 따라 1781년의 초판과 1787년의 재판을 함께 'A/B'로 표기했다. 그 외 하이데거의 전집^{Gesamtausgabe}을 인용할 때는 약어 'GA'와 권수에 이어 쪽수를 함께 적었다. 번역서 또한 간혹 참조하였다. '칸트책'의 번역서로는 한길사에서 나온 이선일의 역본을, 『비판』의 번역서로는 아카넷에서 나온 백종현의 역본을 참조하였다.

최대한 난해함을 덜고 쉬운 언어로 전달하고자 무던히 애를 썼으나, 본래 내용이 워낙 난해하다 보니 이 책 역시 쉽게 읽히진 않으리라 생각된다. 특히 하이데거의 해석 전체를 미리 조망하는 1장의 경우, 그 요약적 서술 성격 탓에 더 난해하게 느껴질 수 있다. 그렇다면 우선 이 부분을 가볍게 훑어보기만 하고 건너뛴 다음에 나중에 다시 읽어도 좋을 것이다.

차례

1장
—
칸트와 하이데거

1. 하이데거의 칸트 해석 배경

하이데거는 『존재와 시간』(1927)을 출간하고 2년이 지난 뒤에 칸트의 『순수이성비판』을 형이상학 정초로 해석하는 『칸트와 형이상학의 문제』를 출간한다. 여기서 하이데거의 의도는 분명하다. 그는 『존재와 시간』에서 그가 기초존재론이라고 명명한 철학을 제시했다. 기초존재론이란, '존재이해'와 더불어 실존하는 존재자, 곧 현존재의 존재를 탐구함으로써 '존재물음'을 개진한다는 철학적 기획이다. 하지만 그는 자신의 기초존재론이 제대로 전달되지 못했다는 인상을 받았다. 오히려 자신의 철학에 대한 숱한 오해를 목격했다. 그래서 하이데거는 자신의 철학을 효과적으로 표현하고 전달할 만한 언어를 칸트의 저작에서 찾고자 시도했다. 당대에 칸트는 무엇보다도 철학의 출발점이자 표준이었기 때문이다. 그 결과물이 '칸트책'이다. 여기서 하이데거는 자신이 『존재와 시간』에서 제시한 기초존재론의 예비적 형태와 같은 것을 칸트의 철학으로부터 읽어 내고자 한다. 이것이 '칸트책'의 목표다. 우리는 이러한 배경을 항상 염두에 두고서 '칸트책'을 독해해야 한다.

그러나 이것이 고려해야 할 배경의 전부는 아니다. 하이데거의 평가에 따르면, 당대에 칸트는 신칸트학파의 영향 아래에서 인식이론적으로 해석되는 경향이 거셌다. 특히 헤르만 코헨Hermann Cohen과 파울 나토르프Paul Natorp를 위시한 마르부르크의 신칸트학파는 『비판』을 자연과학의 인식이 어떻게 가능한지를 해명하는 인식이론으로 해석했다.[1] 실증과학의 발

---

1   1927/28년 강의에 따르면, 하이데거가 특히 논적으로 삼은 코헨의 저작은 1871년

달과 더불어 철학의 지위가 흔들리는 마당에, 신칸트학파는 철학에 수리적 자연과학의 정당성을 입증하는 과제를 부여함으로써 철학을 안정시키려 했다. 하지만 하이데거가 보기에 이는 오히려 철학을 축소시키는 패착이었다. 철학의 본질적 과제는 그러한 인식이론이 아니라 존재자 일반의 존재를 묻는 형이상학이다. 신칸트학파는 칸트를 탈형이상학적으로 해석하는 우를 범했고, 그럼으로써 동시에 철학의 본령이 형이상학에 있음을 놓쳤다. '칸트책'은 이를 바로잡으려는 시도였다.

하이데거는 『존재와 시간』을 출간한 직후부터 점차로 자신의 철학을 형이상학으로 받아들였다. 이는 그 무렵 출간된 저작물이나 강의록의 제목 ―『논리학의 형이상학적 시원근거들』(1928), 『형이상학이란 무엇인가?』(1929), 『형이상학의 근본개념들』(1929/30)― 만 훑어보아도 충분히 짐작할 수 있다. 이 무렵 하이데거는 철학의 주된 과제란 "존재이해"가 어떻게 가

에 초판이 출간된 『칸트의 경험이론』이다. GA 25, 8 참조. 또한 나토르프의 경우에는 1910년에 출간된 『정밀과학의 논리적 토대』를 비판적으로 다룬다. GA 25, 78, 132 참조.

능한가를 해명하는 데 있다고 보았다. 이는 곧 존재론적 인식의 가능 근거를 해명하는 작업이요, (뒤에서 더 해설하겠지만) 형이상학을 정초하는 작업이기도 하다. 하이데거는 이러한 작업이 '존재이해'와 더불어 실존하는 존재자인 현존재의 존재구성틀을 분석하는 식으로 진행되어야 한다고 보았다. 이 무렵 그는 자신의 철학적 기획, 곧 기초존재론을 현존재의 존재구성틀을 분석함으로써 형이상학을 정초하는 작업으로 이해했다. 『존재와 시간』도 그런 작업의 일환이었다. 그리고 『비판』에도 동일한 작업의 선구적 형태가 엿보였다. 그런 맥락에서 하이데거는 '칸트책'의 서두에 "순수이성비판을 형이상학의 정초로 해석함으로써 기초존재론의 이념을 해설함"(KPM, 5)이라는 제목을 달아 두었다. 이 제목에 '칸트책'의 요지가 담겨 있다.

2. 하이데거 해석의 폭력성?

그렇다면 이제 이런 의혹이 생길 법하다. 하이데거는 자신의 철학에 부합하는 방향으로 칸트의 철학을 곡해한 것이 아닌가? 하이데거는 칸트를 아전인수 격으로 수용했던 것이 아 닌가? 이로부터 많이 회자되어 온 하이데거 해석의 폭력성 문 제가 불거진다. 하이데거는 스스로 자기 해석의 폭력성을 시 인한다. 1950년에 쓰인 제2판 서문에서 하이데거는 자신의 해석이 폭력적이라는 비난이 실제로 잘 입증될 수 있다고 말 한다. 3장에서 우리는 하이데거 해석의 어느 부분이 폭력적인 가를 살펴볼 것이다. 하지만 적어도 하이데거 해석에서 가장 근간이 되는 부분, 즉 『비판』은 인식이론이 아니라 형이상학, 정확히는 형이상학 정초라는 주장에는 그다지 폭력적일 것이 없음을 초장에 분명히 해 둘 필요가 있겠다.

칸트는 『비판』의 도입부Einleitung에서부터 순수이성의 본래 적 과제란 '어떻게 선험적 종합판단이 가능한가'에 있음을 밝 힌다. 물론 칸트에 따르면 수학과 자연과학의 명제도 선험적 종합판단이다. 하지만 칸트의 문제의식이 형이상학에 속하는 선험적 종합판단에 놓여 있음은 맥락상 의문의 여지가 없다. 혹자는 물론 칸트의 관심사가 형이상학에 있음은 확실하지 만, 정확히는 형이상학의 비판에 있을 뿐이라고 대꾸할지도 모른다. 즉 칸트의 의도가 전승된 형이상학을 격퇴하는 데 있다고 말이다. 그러나 우리는 칸트가 전승된 형이상학의 비판에 큰 노력을 기울이는 것은 사실이지만, 그것이 흄과 같이 형이상학 일체의 거부로 이어지는 것은 아님을 주지해야 한다. 칸트의 작업, 곧 '순수이성비판'은 형이상학을 전승된 방식과는 전혀 다른 방식으로 새로운 토대 위에서 건설하는 것, 좀 더 칸트 자신의 언어에 가깝게 표현하자면, 독단주의에 빠지지 않은 학문으로서의 형이상학을 예비하는 것이다.

하이데거는 칸트가 실로 철학의 핵심을 형이상학에서 찾고 있음을 여러 출처를 통해 지적한다. 첫째로, 칸트는 순수이성의 철학을 건축술적으로 구상하면서 그것이 예비학인 비판과 형이상학으로 크게 나뉜다고 본다.[2] 형이상학은 다시 자연 형이상학과 윤리 형이상학으로 나뉘고, 자연 형이상학은 다시 초월철학과 순수이성의 생리학으로 나뉘는데, 특히 중요한 것은 여기서 초월철학이 존재론과 동일시된다는 점이다. 즉 칸트는 자신의 초월철학을 통상 일반형이상학이라고 분류되는 존재론이라고 부른다. 둘째로, 칸트는 한 편지에서

---

2   A841/B869-A846/B874 참조.

자신의 작업이 "형이상학에 관한 형이상학"을 담고 있다고 서술한다.[3] 즉 칸트의 작업은 단순한 형이상학이 아니라 형이상학적 인식의 가능성을 탐구하는 형이상학이다. 셋째로, 『학문으로서 등장할 수 있는 모든 미래의 형이상학을 위한 서설』(1783)이나 유고로 출간된 『형이상학의 진보』(1804)는, 당장 그 제목이 알려 주듯이, 형이상학을 일신하려는 칸트의 의도를 잘 보여 준다.

『비판』의 과제, 곧 순수이성의 인식으로서 선험적 종합인식의 가능성을 검토한다는 과제는 그 자체로 형이상학의 가능성과 한계를 규정하는 작업이다. 순수이성의 인식은 경험의 가능성과 더불어 경험 대상의 가능성의 토대다. 순수인식은 경험되는 대상이 당초에 이러저러하게 존재할 수 있도록 하는 인식이다. 칸트에게 경험 대상은 곧 존재자다. 우리가 칸트의 이른바 '물자체'를 '현상' 너머의 진짜 존재자로, '현상'으로서 경험 대상을 의식 내면의 표상과 같은 것으로 해석하

---

3   하이데거는 칸트가 1781년에 그의 친구이자 제자인 마르쿠스 헤르츠(Markus Herz)
     에게 보낸 편지를 인용한다. 이에 관한 서지사항은 KPM, 230 참조.

지만 않는다면 분명히 그렇다. 하이데거는 그런 통속적 해석의 부당성을 지적한다. 비록 칸트가 이러한 순수인식에 대하여 '존재론적 인식'과 같은 용어를 사용하지 않는다고 할지라도, 순수인식은 경험 대상, 곧 존재자가 존재할 수 있는 지평을 형성하는 한에서 존재론적 인식이라고 불릴 자격을 갖춘다. 『비판』은 존재론적 인식의 가능성을 규명함으로써 존재론, 곧 일반형이상학을 정초한다. 아울러 존재론적 인식의 적용 범위를 감성적 존재자로 한정함으로써 영혼이나 신과 같은 초감성적 존재자를 이론적으로 인식한다고 주장하는 전통 형이상학을 논파한다.

3. 『비판』의 현상학적 해석

1927/28년 겨울학기 강의에서 하이데거는 칸트의 『비판』을 자세히 해석했다. 강의 제목은 《칸트의 순수이성비판에 대한 현상학적 해석》이었다. 하이데거는 이 강의록이 '칸트책'의 초고가 되었음을 초판 서문에서 밝힌 바 있다. 이는 '칸트책' 역시 『비판』에 대한 현상학적 해석임을 알려 준다. 하이데

거의 칸트 해석에서 엿보이는 여러 독특한 통찰은 그것이 철저한 현상학적 해석이라는 데서 나온다.

언급한 강의의 초반부(GA 25, 71)에서 하이데거는 칸트의 『비판』이 기본적으로 현상학적 방법으로 탐구되고 저술되었다고 말한다. 이를테면, 칸트는 "인식의 직관성격"을 강조했는데, 이는 "현상학의 근본경향"(GA 25, 83)이다. 강의를 마무리하는 자리(GA 25, 431)에서도 하이데거는 수년 전 『비판』을 후설 현상학의 배경에서 읽었을 때 눈이 번쩍 뜨였으며, 자신이 추구했던 길의 방향이 옳음을 확인할 수 있었다고 인상적으로 토로한다. 『비판』이 "주체의 주체성의 순수 현상학"(KPM, 87)이라는 '칸트책'의 언급도 동일한 맥락에서 이해될 수 있을 것이다.

이처럼 『비판』의 탐구 방법이 본래 현상학적이라면, "칸트의 의도에 맞는 유일한 해석"(GA 25, 71)은 자연히 현상학적 해석일 수밖에 없다. 하이데거는 칸트의 초월론적 감성론이나 초월론적 논리학을 모두 현상학적으로 해석한다. 하이데거가 칸트에게서 거리를 두는 경우는 칸트의 진술이 결과적으로 현상학적으로 입증될 수 없다고 밝혀지는 경우다.[4]

4. 『비판』과 '칸트책'의 구성

『비판』은 방대한 분량의 책자다. 도입부를 제하면, 『비판』은 초월론적 요소론과 초월론적 방법론으로 나뉜다. 그런데 후자는 100여 쪽의 지면을 차지할 뿐이고, 사실상 요소론이 주를 이룬다. 요소론은 다시 초월론적 감성론과 초월론적 논리학으로 나뉜다. 여기서도 감성론은 짧은 분량이고, 논리학이 주를 이룬다. 결국, 초월론적 논리학이 『비판』의 대부분을 차지한다. 논리학은 다시 초월론적 분석론과 초월론적 변증론으로 나뉜다. 변증론이 전승된 형이상학의 비판부에 해당한다면, 분석론은 형이상학 정초의 건설적 부분에 해당한다. 분석론은 다시 개념의 분석론과 원칙의 분석론으로 나뉜다.

하이데거가 꼼꼼히 주해하는 범위는 이 가운데 초월론적 감성론부터 원칙론까지다. 더 정확히는 도식론까지 다루고 원칙론의 서두만 살짝 다룬다. 이는 『비판』 전체에서 4분의 1도 되지 않는다. 하이데거가 『비판』을 해석한다면서 그 부분까지

---

4 GA 25, 329, 412 등 참조.

I. 초월론적 요소론	1부 초월론적 감성론			
	2부 초월론적 논리학	1편 초월론적 분석론	1권 개념의 분석론	1부문 실마리
				2부문 연역
			2권 원칙의 분석론	1부문 도식론
				2부문 원칙론
		2편 초월론적 변증론		
II. 초월론적 방법론				

만 주해하는 것은 물론 그의 해석 의도가 형이상학, 특히 존재
론 정초에 있다는 데 기인한다. 하지만 그렇다고 해서 하이데
거가 나머지 부분의 논의를 간과한다는 뜻은 결코 아니다. 하
이데거의 해석은 이른바 삼 비판서를 비롯한 주요 저작, 인간
학 강의나 논리학 강의와 같은 칸트의 강의록, 나아가 여러 유
고와 편지 등 당시에 섭렵할 수 있었던 거의 모든 칸트의 저술
을 망라한다.

'칸트책'은 『비판』에 비하면 적은 분량의 책자다. 이 책은 서문, 도입부, 본론, 부록으로 구성되어 있다. 1929년, 1950년, 1965년, 1973년에 쓰인 4편의 서문에서는 하이데거가 자신의 사유 도정 시기별로 자신의 저작을 어떻게 바라보았는지를 가늠할 수 있다. 도입부는 『비판』을 기초존재론의 이념에 따라서 형이상학 정초로 해석한다는 자신의 관점과 목표를 명시하면서 4편으로 이뤄진 본론부를 개괄한다. 부록은 '칸트책'에 대한 약간의 메모, 에른스트 카시러Ernst Cassirer의 『상징형식의 철학: 2부 신화적 사고』(1925)에 대한 서평(1928), 다보스Davos에서의 짧은 강연문과 카시러와의 논쟁 기록 등을 담고 있다.

본론부는 4편, 총 45개 절로 구성된다. 단 3개 절로 이루어진 제1편 "형이상학 정초의 단초"는 칸트가 수용했던 형이상학이란 어떤 개념이었는가를 소개하고, 왜 그에게 형이상학 정초가 '순수이성비판'이란 이름으로 진행되는가를 설명한다. 제2편 "형이상학 정초의 실행"은 전체의 절반 정도 분량을 차지하는 중심부다. 여기에서는 칸트의 감성론에서부터 도식론까지를 다섯 단계로 나누어 촘촘히 해석하면서, 그것이 어떤 의미에서 형이상학 정초인지를 보여 준다. 제3편과 제4편은 각각 10개 절로 구성된다. 이른바 '폭력적' 해석이 본격화하는 곳은 제3편 "형이상학 정초의 근원"이다. 여기서 하이데거는 "더욱 근원적인 해석"을 감행하면서, 칸트에게서 말해지지 않은 것을 끄집어내려 한다. 동시에 근원적 시간과 주체성의 본질과 같은 자신의 철학적 관심사를 칸트에게서 찾아낸다. 제4편 "형이상학 정초의 반복"에서 하이데거는 자신의 철학적 작업이 칸트적 형이상학 정초의 '반복'임을, 즉 그 정초를 새로이 문제로 삼으면서 더욱 근원적으로 전유하려는 시도임을 밝힌다. 여기서 우리는 당대의 철학적 인간학에 대한 하이데거의 비판과 『존재와 시간』에 대한 자기 해석을 살펴볼 수 있다.

　칸트책 본론의 전반부, 특히 제2편은 『비판』을 어떻게 형이상학 정초로 독해할 수 있는가를 잘 보여 준다. 그 점에서 칸트 연구자나 칸트에 관심을 둔 일반 독자에게도 유익할 만한 부분이라 생각된다. 반면에 후반부는 칸트보다는 하이데거에 관심을 둔 독자에게 더 유익할 것이다. 그래도 제3편은 비록 '파괴적'이긴 해도 여전히 칸트의 해석에 초점을 둔다.

반면 제4편은 '반복'이라는 이름으로 칸트 철학의 연장선상에서 하이데거 자신의 철학적 과제를 다루는 부분이다.

5. 이 책의 구성 및 진행

이 책의 2장은 '칸트책'의 본론부 4편을 절별로 하나씩 차례로 해설하는 식으로 진행할 것이다. 그래서 2장의 차례는 '칸트책'의 차례와 정확히 일치한다. '칸트책'은 칸트와 하이데거 철학의 기본을 어느 정도 숙지하지 않으면 읽어 나갈 수 없다. 이 해설서는 그런 기본 지식이 부족하더라도 '칸트책'의 내용을 상당한 정도까지 이해할 수 있도록 설계되었다. 하이데거의 난해한 언어를 될 수 있는 대로 쉬운 언어로 바꿔 쓰면서도 그 철학적 깊이를 훼손하지 않도록 하는 데 주안점을 두었다. 그리고 '칸트책' 자체가 방대한 분량이 아니기에 거기서 논의된 내용을 거의 빠짐없이 전달하고자 하였다.

이 책은 기본적으로 해설서로서 하이데거의 해석에 대한 비판적 거리 두기는 아주 드물게만 이뤄질 것이다. 다만 3장에서는 하이데거의 해석에서 불거지는 여러 고찰 거리를 간략하게 다룰 예정이다. 거기서 '칸트책'과 『존재와 시간』 사이의 접점은 무엇이고, 또 어떤 거리가 있는지도 검토할 것이다.

끝으로 1927/28년의 강의와 '칸트책'의 관계와 차이를 언급해야 하겠다. 두 저작은 『비판』의 동일한 범위를 해석한다. 하지만 강의록은 그 분량상 '칸트책'의 두 배 정도 된다. 그러니 당연히 강의록의 해석이 훨씬 상세하다. '칸트책'에서 지나치게 서술이 소략해서 이해가 어려웠던 여러 부분이 강의록에서는 선명하게 해설된다. 그래서 이 책의 서술에서 특별히 강의록을 인용하거나 언급하지는 않더라도 강의록의 도움을 받은 곳이 여럿 있었음을 밝혀 둔다. 다만 강의록은 '칸트책'보다 칸트에 대한 비판이 더 노골적인 경우가 많다. 이를테면 칸트의 현상 개념이 애매하다든가, 그의 범주표가 피상적이라든가, 칸트가 논리학에 경도되어 있다든가 등등의 비판이 '칸트책'에서와 달리 훨씬 직접적이다. 그리고 구체적인 내용에서도 세세하게 보면 차이가 나는 부분들이 있다. 이 책은 물론 이런 모든 불일치에서 기본적으로 '칸트책'을 따랐다.

2장

—

칸트책 읽기

제1편 형이상학 정초의 단초

앞서 언급했듯이, 하이데거는 칸트의 『비판』을 형이상학 정초로 독해하고자 한다. 이러한 과제를 앞두고 그는 먼저 3가지 물음을 던진다. 첫째는 '칸트가 당대에 마주했던 형이상학 개념이란 어떤 것인가'다. 이에 대해 하이데거는 칸트가 18세기 독일 학교철학의 피상적인 형이상학 체계로부터 형이상학 개념을 형성했다고 답한다. 둘째는 '칸트가 형이상학을 정초하면서 무엇을 단초로 삼았는가'다. 하이데거에 따르면 정초의 단초는 존재론적 인식의 기초 위에서 초감성적 존재자를 비롯한 모든 존재자의 인식 가능성 문제가 다루어진다는 생각이다. 셋째는 '왜 그러한 정초가 순수이성비판인가'다. 하이데거는 선험적 종합판단으로서 존재론적 인식이 순수이성의 능력에서 가능하기 때문이라고 답한다.

1절 전승된 형이상학 개념

하이데거는 칸트가 당대의 학교철학에서 형이상학 개념을 발견했다고 본다. 칸트 이전에 크리스티안 볼프Christian Wolff와 알렉산더 고틀리프 바움가르텐Alexander Gottlieb Baumgarten은 학교에서 일목요연하게 가르칠 수 있도록 체계적으로 정리된 철학을 추구했다. 하이데거는 이를 학교철학이라고 부르면서 그것이 철학의 본질로부터 동떨어진 것이라고 깎아내린다. 하지만 칸트는 18세기 독일 학교철학의 형이상학 개념으로부터 많은 영향을 받았다.

독일 학교철학의 형이상학 분류 체계는 기독교 세계관에 그 기원을 둔다. 거기에서 존재하는 모든 것은 신이거나 신이 창조한 존재자거나 둘 중 하나다. 하지만 신이 창조한 존재자, 곧 피조물 중에는 그 영혼이 불멸하여 구원 가능성을 지닌 탁월한 존재자가 있으니, 그것이 곧 인간이다. 그래서 학교철학에서 존재자는 기독교 세계관에 따라서 신, 인간, 그리고 피조물 전체로서 우주, 이렇게 셋으로 분류된다. 그리고 이 셋에 각각 상응하게 형이상학의 분과가 마련된다. 그것이 곧 신학, 영혼론, 우주론이다. 이들은 각기 특수한 존재자를 다룬다. 그래서 특수형이상학metaphysica specialis이라고 불린다. 반면에 그러한 구분 없이 그저 일반적으로 존재자를 다루는 형이상학 분과는 일반형이상학metaphysica generalis, 또는 존재론이라고 불린다.

흔히 형이상학 비판자로 알려진 칸트도 기본적으로 이러한 분류 체계를 수용한다. 칸트가 철학 체계를 건축술적으로 제시한 부분(A845/B873ff.)을 보면, 거기서 이상의 분과들이 모두 거론된다. 하지만 하이데거는 이렇게 분과화된 형이상학 체계가 고대 그리스에서 탄생한 형이상학이 역사의 진행과 더불어 몰이해 속에서 피상화된 결과라고 본다. 그래서 아리스토텔레스의 형이상학으로 거슬러 올라가 그에게 형이상학이란 어떤 것인지를 살펴야 한다고 주장한다.

잘 알려진 바에 따르면, '형이상학'이라는 명칭은 아리스토 텔레스의 문헌을 후대에 정리하는 과정에서 생겼다. 아리스 토텔레스의 글 중 '자연학'에 해당하는 글 '뒤에' 오는 글을 단 순히 '자연학 뒤에meta ta physica'라고 이름 붙였는데, 그것이 오 늘날 형이상학metaphysica이라고 불리게 되었다는 것이다. 하지 만 이렇게 우연히 붙은 명칭은 이후에 본질적인 의미를 발하 게 된다. 왜냐하면, 철학자들은 '형이상학'이란 이름으로 여느 학문과 같이 경험적으로 다다를 수 있는 것의 전체 영역, 곧 자연이 아니라 바로 그 '뒤에', 그 '너머에' 놓인 것, 즉 초감성 적인 것 내지 비감성적인 것을 탐구했기 때문이다.

하이데거에 따르면, 아리스토텔레스의 문헌에 형이상학이 란 명칭이 붙게 된 사정에는 철학적 몰이해가 있었다. 당시의 학교철학은 논리학, 자연학, 윤리학이라는 분과로 나뉘어 있 었다. 그렇지만 문제의 글은 이 분과 어디에도 들어맞지 않았 다. 그래서 그것에 부득이하게 '자연학 뒤에'라는 식의 명칭을 붙일 수밖에 없었다는 것이다.

하이데거는 그런 몰이해를 극복하려면 '자연학 뒤에', 곧 '형이상학'이라고 이름이 붙은 아리스토텔레스의 글에서 정말로 무엇이 문제가 되는가를 면밀히 살펴야 한다고 본다. 그에 따르면, 아리스토텔레스는 '제일철학prote philosophia'이라는 이름으로 먼저 존재자 그 자체on he on에 대한 문제를, 다음으로 존재자 중 가장 탁월한 존재자theion, 그래서 그로부터 존재자 전체가 규정되는 존재자에 대한 문제를 다룬다. 아리스토텔레스의 제일철학에는 이러한 이중적 성격이 있었다. 하이데거는 이러한 이중성을 쉽사리 두 분과로 나누는 우를 범해서는 안 된다고 본다. 그러면 존재자 그 자체에 대한 문제는 일반형이상학으로서 존재론이 되고, 존재자 전체를 규정하는 가장 탁월한 존재자에 대한 문제는 특수형이상학, 그중에서도 신학과 우주론의 주제가 될 것이다. 하지만 제일철학, 곧 형이상학에 본질적으로 내재하는 이중성을 각각으로 쪼개어 분리하는 것은 잘못이다. 그렇다고 어느 한쪽으로 흡수시켜 통일하는 것도 잘못이다. 하나의 문제를 다루면서도 다른 문제가 항시 함께 고려되어야 한다. 하이데거에 따르면, 그것이 본래적으로 철학하는 방식이다.

1절에서 언급되지는 않지만, 여기서 하이데거 자신의 형이상학 구상에 대해 잠시 확인할 필요가 있다. 1930년 전후의 하이데거는 기본적으로 아리스토텔레스의 두 문제를 수용하면서도 그것을 변용시켜 발전시킨다. 하이데거에게 존재자 그 자체에 대한 문제는 존재론의 문제다. 이것이 이 책에서 계속해서 다뤄질 문제다. 아리스토텔레스의 두 번째 문제는 존재자 전체, 또는 세계에 대한 문제다. 이에 대해서는『존재와 시간』을 비롯한 여러 저작에서, 특히 1929/30년 강의인『형이상학의 근본문제들』에서 다뤄졌다. 이렇게 보면 하이데거의 형이상학에도 이중성이 나타난다. 하지만 아리스토텔레스와 달리, 하이데거의 구상에서 중심이 되는 것은 현존재의 존재다. '존재자 그 자체의 문제'는 존재이해 속에서 실존하는 현존재의 존재를 파악하는 데서 출발해야만 한다. 또한 '존재자 전체의 문제'도 그 전체로 피투된 현존재의 존재로부터 착수되어야만 한다. 그래서 형이상학의 전 문제에는 항상 현존재의 문제가 놓여 있다. 때문에 하이데거는 이하의 제4편에서 "현존재의 형이상학"을 다루게 된다.

다시 칸트에 대한 논의로 돌아가면, 하이데거는 칸트가 학교철학적 형이상학 개념으로부터 형이상학이란 "순전한 이성으로부터의 학문"이라는 이념을 수용하게 된다고 본다. 존재자 일반과 최상의 존재자를 다루는 학문으로서 형이상학은 그 방법 면에서도 최상이어야만 한다. 그런데 방법 면에서 인식의 이상을 보여 주는 학문은 수학이다. 수학은 최고도로 합리적이고 선험적이다. 여기에 우연한 경험은 조금도 뒤섞이지 않는다. 따라서 형이상학도 수학과 마찬가지로 엄정하고 순수한 이성으로부터 전개되어야 한다는 것이다.

2절 전승된 형이상학 정초의 단초

칸트는 당대에 형이상학이 지리멸렬한 상태임을 목격했다. 자연과학이 날이 갈수록 발전하는 데 비해서 형이상학은 어떠한 구속력 있는 통찰도 내주지 못하는 실정이었다. 하이데거에 따르면, 칸트의 전 철학적 기획은 이러한 형이상학을 전혀 새로운 방식으로 일신하는 작업이었다. 그것이 바로 형이상학 정초다.

형이상학을 정초한다는 것은 형이상학의 가능성을 일정한 한계 내에서 확보한다는 것이다. 그것은 형이상학이 어떻게 가능할 수 있는지, 또 어떤 한에서 불가능한지를 파악하는 작업이다. 그런데 칸트에게 "본래의 형이상학", 또는 "궁극목적에서 형이상학"이란 일반형이상학으로서 존재론이 아니라 특수형이상학이다. 인간의 형이상학적 본성이 치닫는 궁극적 물음은 존재론적 물음이 아니라 신, 우주, 영혼과 같은 초감성적 대상에 관한 특수형이상학적 물음이다. 따라서 형이상학 정초에서 궁극적으로 문제가 되는 것은 특수형이상학의 대상들이다. 하지만 하이데거는 탐구의 순서상 우선이 되는 것은 존재론적 물음이라고 본다. 왜냐하면, 특수형이상학의 대상들이 아무리 초감성적인 것으로서 특수하더라도, 그것은 여하튼 존재자이므로 특수형이상학은 존재자 일반을 다루는 존재론을 전제할 수밖에 없기 때문이다. 그래서 하이데거는 칸트에게 형이상학 정초는 일차적으로 존재론의 정초가 된다고 본다. 실제로 하이데거가 제시한 칸트의 형이상학 정초는 존재론적 인식의 가능성을 해명하는 작업에 다름 아니다. 나아가 존재론적 인식의 가능성을 해명하는 작업을 통해서 비로소 특수형이상학의 문제, 즉 저 초감성적 존재자들의 인식 가능성 문제에 대한 비판적 결론 또한 도출된다.[5]

---

5   이에 관해서는 KPM, 109, 124 참조.

칸트는 『비판』의 머리말과 도입부에서 여러 차례 자연과학을 언급한다. 하이데거의 견지에서 보자면, 이러한 언급은 신칸트학파가 『비판』을 자연과학적 인식을 정당화하는 인식 이론으로 해석하는 빌미였을 수 있다. 하지만 하이데거는 그러한 언급의 진짜 역할은 다른 데 있다고 본다. 칸트는 자연과학자들의 탐구에서 어떤 중요한 점을 목격한다. 칸트에 따르면, "자연과학자들은 이성이 오직 자신이 자기 구상Entwurf에 따라서 산출하는 것만을 통찰하고 이성이 자신의 판단원리를 갖고서 변함없는 법칙들에 앞장서고 이성의 물음에 답하도록 자연을 강제할 수밖에 없음을 파악했다."(BXIIIf.) 하이데거의 해설에 따르면, 이 진술이 의미하는 바는 자연과학자들은 자연에 대한 모종의 선험적 인식을 기초로 자연의 탐구를 진행한다는 것이다. 자연과학자들은 먼저 물리적 자연 전체의 존재를 일정한 방식으로 '구상'한다. 그들은 물리적 자연 영역의 근본개념들, 예컨대 운동, 물체, 장소, 시간 등의 개념들을 수학적으로 완결된 연관 속에서 확정함으로써 자연 존재자의 존재구성틀Seinsverfassung을 '구상'한다.[6] 물리적 자연 영역 전체의 수학적 구상에 기초해서 비로소 실제의 자연과학적 탐구가 전개되는 것이다.

하이데거에 따르면, 이러한 자연과학자들의 탐구 절차에서 칸트가 주목한 것은 단순히 그러한 절차를 어떻게 정당화할 수 있을지의 문제가 아니라, 그들에게 인식의 두 층위가 구별되면서도 연관된다는 것이었다. 더 정확히 말해서, 물리적 자연 영역 전체를 수학적으로 구상하는 순수한 선험적 인식이 개개 자연물의 운동과 변화 등의 정밀 계산을 가능하도록 해 준다는 것이다. 즉 물리적 자연 영역의 존재구성틀에 관한 존재론적 인식이 물리적 자연 존재자의 물리학적 경험을 가능하도록 해 준다. 하이데거에 따르면, 이로부터 칸트는 형이상학 정초를 위한 착상을 얻는다. 즉 존재론적 인식이 존재자적 경험의 가능성을 마련한다는 사실을 자연과학으로부터 확인할 수 있다. 도입부에서 언급되는 자연과학의 역할은 이러한 착상 제공으로 끝난다. 자연과학은 그 이상의 역할을 하지 않는다. 칸트가 『비판』에서 염두에 두고 있는 존재자적 인식

---

6 이에 대한 상세한 논의로 GA 25, 29 이하 참조. 하이데거는 "갈릴레이와 케플러의 근본적 성과는 자연의 수학적 구상의 명시적 수행이었다"(GA 25, 31)고 말한다.

은 비단 물리적 대상에 관한 자연과학적 인식뿐 아니라, 일상적인 물건이나 심리적 대상에 관한 경험, 나아가 궁극적으로 초감성적 인식까지 포괄한다. 이런 가능한 모든 종류의 존재자 인식이 어떻게 가능한지, 또 어느 한에서 불가능한지를 존재론적 인식에 기초해서 해명하는 작업, 그것이 칸트의 철학적 문제였다.

이와 더불어 칸트는 존재론을 일신하게 된다. 기존에 존재론은 존재자를 일반적으로 탐구한다는 의도 아래 모든 존재자에 공통되는 일반성을, 종과 유와 같은 일반적 존재자를 탐구해야 한다고 자명하게 믿었다. 칸트는 이러한 믿음을 뒤흔들게 된다. 이제 존재론은 존재론적 인식의 본질을 탐구함으로써 결국 초감성적 존재자까지도 포함하여 존재자의 인식 가능성을 위한 기초를 제공하는 과제를 맡는다. 그래서 칸트에게 존재론은 형이상학 정초다.

하이데거는 칸트의 그 유명한 "코페르니쿠스적 전회"도 바로 이와 같은 맥락에서 파악해야 한다고 주장한다. 칸트는 이제까지는 "우리의 모든 인식이 대상을 따라야만 한다"고 가정했다면, 이제부터는 반대로 "대상이 우리의 인식을 따라야만 한다"고 주장한다(BXVI). 거칠게 해석하면, 이는 주관이 객관을 따라야 하는 것이 아니라, 객관이 주관을 따라야 한다는 뜻으로 들린다. 하지만 여기서 '인식'의 두 의미에 유의해야 한다. 존재자의 인식에서 우리는 존재자를 따라야만 한다. 칸트는 이를 부정하려는 의도가 조금도 없다. 오히려 칸트는 전통적인 진리일치설을 전적으로 수용한다. 심지어 하이데거는 사실 칸트의 철학은 진리일치설을 정당화하는 작업이기도 하다고 지적한다. 왜냐하면, 우리의 경험(인식)이 어째서 대상(존재자)을 따를 수밖에 없는가를 해명하는 것이 그의 작업에 속하기 때문이다. 다만 칸트는 일반적으로 인식이 대상을 따를 수 있기 위한 조건이 대상(존재자)이 그 존재구성틀에서 미리부터 인식되는 것임을 보여 준다. 즉 대상의 진리는 처음부터 그 존재구성틀에 관한 우리의 선험적 인식에 맞춰져 있어야만 한다. 이것이 '코페르니쿠스적 전회'의 의미다. 그래서 하이데거는 이를 "존재자의 개방성(존재자적 진리)이 존재자의 존재구성틀의 개현성(존재론적 진리) 둘레를 돈다"(KPM, 13)고도 표현한다.

3절 "순수이성비판"으로서 형이상학 정초

이제 남은 과제는 이상과 같은 의미에서 형이상학을 정초하는 작업에 대해 칸트는 어째서 '순수이성비판'이라는 제목을 붙였는가를 이해하는 일이다. 이미 그에 대한 답의 윤곽은 거의 나왔다. 칸트는 당대의 전통을 따라 인식을 판단으로 파악한다. 따라서 존재론적 인식은 존재자의 존재에 관한 판단이다. 이러한 판단은 존재자의 경험을 가능하게 해 주는 것이니 그 자체는 경험적일 수 없다. 즉 선험적이다. 그러므로 존재론적 인식은 선험적 근거에 따른 판단이다. 그런데 선험적 근거에 따른 인식능력이란 곧 순수이성이다. 그렇다면 존재론적 인식의 가능성을 탐구하는 형이상학 정초 작업은 곧 순수이성의 본질을 규명하는 작업인 셈이다. 거기에 '비판'이라는 명칭이 붙는 이유는 그 작업이 순수이성의 본질적 가능성을 한정하는 역할 또한 맡기 때문이다. 순수이성의 가능성을 밝히면서 그로부터 어떻게, 또 어떠한 한계 내에서 존재론적 인식이 가능할 수 있는지를 밝히는 작업이 바로 형이상학 정초 작업이기에 거기에 '순수이성비판'이라는 명칭이 붙는 것이다.

『비판』의 도입부에서 칸트는 순수이성의 인식을 선험적 종합판단이라고 파악한다. 수학이나 자연과학의 명제가 선험적 종합판단이라고 간주하면서 형이상학에서 선험적 종합판단이 어떻게 가능한가를 묻는 것, 이것이 순수이성비판이 제기하는 물음이다.

종합판단은 분석판단과 구별된다. 분석판단은 주어에 술어가 이미 함유되어 있을 때 그것을 명료화하는 종류의 판단이다. 칸트에 따르면, "모든 물체는 형태를 지닌다"와 같은 판단은 분석판단이다. '형태를 지닌다'가 이미 물체 개념에 함유되기 때문이다. 이러한 판단은 그 진위를 알기 위해 경험에 호소할 필요가 없다. 주어 개념만 분석해 보면 된다. 즉 분석판단은 모두 선험적 판단이다. 그래서 주어의 함축적 의미를 명료화해 줄 뿐, 지식을 확장해 주지는 못한다. 반면에 종합판단은 보통 경험적 판단이다. 종합판단은 주어에 들어 있지 않은 내용을 주어에 갖다 붙이는 판단이다. 그래서 그 진위를 확인하려면 경험을 들여다보고 주어로 지칭되는 대상에서 술어에 해당하는 내용이 경험되는가를 따져 보아야 한다. 칸트에 따르면, '모든 물체는 무겁다'는 종합판단이다. 그에 따르면 물체가 무거운지 여부는 경험을 통해 아는 것이지, 물체 개념에서 직접 알 수 있는 것은 아니기 때문이다. 종합판단은 이처럼 통상 경험을 통해 지식을 확장해 준다. 즉 "존재자의 무엇-내실을 조달하는, 또는 존재자 자체를 드러내는 인식"(KPM, 14)이다. 일반적으로, 즉 경험적이든 선험적이든, 종합판단은 사태 내용의 조달을 통해 지식을 확장한다.

칸트에 따르면, 형이상학적 인식은 종합판단이면서도 경험에 의존하지 않는, 즉 선험적 종합판단이다. 예컨대 '일어나는 모든 것은 그 원인을 가진다'는 선험적 종합판단이다. 여기서 술어에 놓인 원인 개념은 주어에 해당하는 '일어나는 것'이라는 개념에 속하지 않는다. 그렇지만, 그 둘은 필연적으로 함께, 즉 종합되어 인식된다. 칸트의 물음은 선험적 종합판단은 경험에 호소할 수 없는데, 대체 어디에 기초를 두는가를 향한다. 달리 말해서 이 물음은 그 '종합'이 대체 어떻게 일어날 수 있는가에 대한 물음이기도 하다.

하이데거는 칸트에게 종합이라는 용어가 무척 다의적으로 사용되며, 형이상학 정초의 문제에서 이러한 다의성이 복잡하게 얽혀 든다고 본다. 이후에 더 자세히 보겠지만, 하이데거는 종합에 대하여 실로 다양한 의미를 구분한다. 일단 여기서 그는 분석판단이든 종합판단이든, 판단 자체가 이미 주어와 술어의 종합임을 지적한다. 다음으로, 하이데거에 따르면, 통상의 종합판단에서는 경험된 존재자가 조달하는 표상들의 결합이 이루어진다. 그리고 선험적 종합판단에서는 존재자의 경험으로부터 얻어지지 않는 무언가, 곧 존재자의 존재구성틀을 조달하는 종합, 곧 "존재론적 종합"(KPM, 39)이 이루어진다. 여기서 종합이란 "순수한 관계 맺음"(KPM, 15)으로서, 존재자가 비로소 경험적 종합에서 경험될 수 있게 될 지평을 형성하는 것이다. 하이데거는 이후에 이러한 지평을 대상성의 지평이라는 이름으로 구체화한다.

칸트에게 초월론적 인식이란 이처럼 선험적 종합의 본질을 다루는 탐구에 다름 아니다. 그러나 단순히 선험적 종합인식이 초월론적 인식인 것은 아니다. 예컨대, 칸트에 따르면, 기하학의 명제는 선험적 종합인식이지만 초월론적 인식은 아니다. 초월론적 인식은 "선행적 존재이해의 가능성, 즉 동시에 존재자의 존재구성틀"(KPM, 16)을 탐구한다.

칸트는 초월철학이라는 명칭을 일반형이상학, 곧 존재론

에 대해서 사용한다. 초월철학 내지 존재론은 (하이데거식으로 말해서) 존재이해, 또는 (일반적으로 말해서) 존재론적 인식의 문제를 체계적으로 총괄하여 다룬다. 비판이라는 명칭은 초월철학이라는 명칭과 매우 근접하게 사용된다. 다만 비판은 존재론적 인식의 체계적 총괄이 아니라 단지 그것을 예비하는 역할만을 맡는다. 비판은 순수이성의 가능성과 한계를 파악함으로써 존재론의 내적 가능성을 구상하는 역할, 즉 형이상학을 정초하는 역할을 맡는다.

제2편 형이상학 정초의 실행

하이데거는 칸트의 형이상학 정초란 전인미답의 영역으로 침투하는 시도와 같다고 평한다. 이처럼 무언가를 최초로 감행하는 "창조적 개시"(KPM, 19)는 부득이하게도 미리부터 어떤 절차를 따라 탐구를 진행할지 체계적으로 계획을 세운 다음 실행을 착수하는 식으로 이루어질 수 없다. 오히려 차근차근 파고들어 가면서 스스로 길을 개척하는 수밖에 없다. 하이데거는 칸트의 작업이 실로 그러한 작업이었다고 본다.

반면에 그런 창조적 개시를 추수행하는 해석, 곧 하이데거 자신의 해석은 정초 전체가 어떤 단계로 진행되어야 하는가를 체계적으로 구상해서 전체에 대한 조망을 미리 확보하지 않으면 안 된다고 한다. 그래서 하이데거는 칸트의 형이상학 정초를 다섯 단계로 나누어 해석한다. 이것이 제2편 B장에 해당한다. 하지만 그에 앞서 A장에서 하이데거는 칸트가 형이상학 정초를 착수할 때 암묵적으로 어떤 전제를 수용하고 있었던가를 밝혀내고자 한다.

A. 형이상학 정초 실행을 위한 소급 차원의 규명

형이상학 정초를 본격적으로 실행하기에 앞서서, 하이데거는 칸트의 정초가 어떤 근원적 지반에서 움직였던가를 해명한다. 이러한 해명은 이후에 정초 실행을 단계적으로 분석할 때 기초가 된다. 칸트는 스스로 거의 자각하지 못한 채로 일정한 '전제'를 암묵적으로 수용하고, 그로부터 정초 작업을 착수했다. 하이데거는 먼저 그만큼 칸트가 자명하게 전제했고, 그래서 정초 작업 전체에 지대한 영향을 미쳤던 근원적 지반을 규명해야 한다고 본다.

4절 인식 일반의 본질

칸트에게 형이상학 정초의 원천은 순수이성이다. 하이데거는 그 이성이 인간의 이성임을 특별히 강조한다. 그에 따르면, 칸트의 정초 작업을 지탱하는 근본 전제는 이성의 인간성, 곧 이성의 유한성이다. 그래서 하이데거는 칸트로부터 인간 인식의 유한성의 본질을 규명하는 작업이 일차적 과제라고 본다. 여기서 인식의 유한성이란 물론 그저 인간 지식에 부족함이 많고 부정확하며 오류가 많다는 것 등을 뜻하지 않는다. 그런 사실적 한계는 유한성의 본질, 곧 인식 구조상의 유한성에서 파생하는 결과들일 뿐이다.

하이데거는 『비판』 본론의 첫 문장(A19/B33)에서 인식에 관한 칸트의 정의를 발견한다. 그에 따르면 인식이란 일차적으로 직관이다. 모든 사고는 결국 직관을 겨냥해야만 한다. 왜냐하면, 인식이 대상과 직접 관계 맺는 방식은 오로지 직관이기 때문이다. 논리학의 우위에 따라서 인식을 근본적으로 사고, 또는 판단으로 파악하려는 신칸트학파의 해석은 칸트의 인식관을 정면으로 위배한다. 오히려 칸트에게 사고와 판단은 인식에서 직관에 봉사하는 역할을 맡는다.

사고가 그처럼 직관에 봉사하려면, 둘 사이에 모종의 친화성이 있어야만 한다. 칸트에게 그 친화성을 제공하는 것은 표상 개념이다. 사고와 직관 모두 표상이라는 공통의 유에 속한다. 물론 표상은 근현대 철학사에서 논란이 많은 개념이고, 그에 대해 하이데거는 다른 어느 철학자보다 중요한 논의를 제공했다. 하지만 그는 칸트에게서 표상 개념을 그저 "넓은 형식적 의미"로 해석하고자 한다. 즉 표상을 의식 내면적 상이나 관념과 같은 것으로 해석하지 말 것을 주문한다. 넓은 형식적 의미에서 표상이란 "어떤 것이 다른 것을 알리고, 고지하고, 나타냄"(KPM, 22)을 뜻할 뿐이다. 아마도 앞의 '어떤 것'에는 직관이나 개념이, '다른 것'에는 존재자가 들어갈 수 있을 것이다. 그렇다면 표상이란 직관이나 개념이 존재자를 나타냄을 뜻할 뿐이다.

직관과 개념 모두 표상이지만 그 방식은 다르다. 직관은 대상과 직접 개별적으로 관계한다. 반면에 개념은 여럿에 공통적일 수 있는 특질을 매개로, 즉 간접적으로 대상과 관계한다. 그래서 직관은 개별적 표상, 사고는 일반적 표상이라고 불린다.

사고가 직관과 하나를 이룰 때 인간에게 인식이 성취된다. 칸트에게 인식은 사고만으로는 물론, 직관만으로도 이루어질 수 없다. 그래서 "인식이란 사고하는 직관"(KPM, 23)이다. 하지만 반대로 인식을 직관하는 사고라고 부르는 것은 부정확하다. 인식의 중추는 사고가 아니라 직관에 놓이기 때문이다. 인식은 일차적으로 직관이지만, 직관만으로는 인식이 이루어지지 않고, 사고가 직관에 봉사할 때만 인식이 성취된다.

하이데거는 칸트에게서 인식에 관한 이 모든 논의는 기본적으로 인간 인식과 그 유한성을 전제로 전개된다고 강조한다. 더욱이 칸트가 무한한 신적 인식의 이념과 대조하여 유한한 인간 인식의 본질을 논한다고 본다.[7] 신적 인식도 물론 인식인 한에서 직관이다. 하지만 신적 직관은 존재자 전체를 표상함과 더불어 그 존재자를 존재하도록 만든다. 신적 직관은

---

7   여기서 하이데거는 B71-72에서의 "원본적 직관(intuitus originarius)"에 대한 언급을 참조한다.

직관될 수 있는 것을 스스로 창조한다. 만일 이미 존재하는 것에 의존해야 한다면, 그것은 절대적 직관일 수가 없을 것이다. 절대적 인식은 자신이 아닌 다른 것으로부터 인식될 내용을 가져와야만 하는 처지에 있지 않다. 또한 신적 직관은 인식이기 위해서 사고를 필요로 하지 않는다. 그것은 존재자 전체를 직접 한꺼번에, 즉 시공간적 제약 없이 조망하기 때문이다. 직관이 사고를 필요로 한다면, 그 이유는 그 직관이 시공간적 제약에 따라 그처럼 모든 것을 단번에 직접 조망할 수 없기 때문이다. 달리 말해서 그토록 칭송되는 지성의 사고가 실은 "유한성의 징표"(KPM, 24)인 셈이다. 유한한 직관만이 사고를 필요로 한다.

5절 인식 유한성의 본질

유한한 인간 인식은 무한한 신적 인식과의 대조로부터 이해된다. 즉 그것은 비창조적인 직관이다. 인간의 직관은 스스로 직관되어야 할 것을 내주지 못한다. 그것은 반대로 이미 존재하는 것에 의존한다. 직관과 별개로 이미 존재하는 것을 그저 수용하는 것, 그것이 인간에게 있어서의 직관이다. 인간

직관의 유한성은 이러한 수용성^{Rezeptivität}에 놓인다. 그런데 직관이 무언가를 수용할 수 있으려면 그 수용되어야 할 것이 자신을 고지해야만 한다. 하이데거는 칸트의 개념 촉발^{Affektion}을 이러한 자기-고지로 해석한다. 즉 유한한 직관은 직관될 수 있는 것의 자기-고지, 곧 촉발에 의존한다. 그리고 촉발은 직관의 유한성에서 성립한다. 달리 말해서 수용적이지 않은 직관인 무한한 직관에는 촉발과 같은 것이 없다.

앞선 언급처럼 인간의 직관은 수용적이어서 수용되어야 할 것으로부터의 촉발을 요한다. 따라서 인간의 직관에는 촉발의 도구, 곧 감관이 필수적이다. 존재자가 자신을 고지함으로써만, 즉 직관을 촉발함으로써만 직관은 그 존재자를 수용할 수 있다. 존재자가 그처럼 자신을 고지할 수 있는 통로 같은 것이 감관이다. 그래서 하이데거에 따르면, 인간의 직관이 감성적인 이유를 직관의 촉발이 감관도구에 의해서 일어나기 때문이라고 설명해서는 안 된다. 오히려 인간의 직관이 감성적인 것은, 인간 현존재가 유한하기 때문에, 즉 이미 존재하는 것의 한가운데서 실존하면서 그것에 의존한 채로 그것을 수용해야만 하기 때문이다. 인간이 본질적으로 유한하기 때문에 존재자가 자신을 고지할 통로로서 감관을 필요로 하는 것이다. 하이데거는 칸트가 감성을 이처럼 파악함으로써 감관의 자극으로부터 감성을 설명하는 감각주의적인 감성 개념을 넘어서고 존재론적인 감성 개념을 확보했다고 높이 평가한다. 그 결과로 칸트는 경험적으로 촉발적인 직관이 아닌 순수하게 촉발적인 직관, 즉 순수직관의 가능성을 열어 두게 된다. 나중에 보겠지만, 이는 형이상학 정초에서 중대한 역할을 한다.

유한한 직관은 존재자를 수용한다. 그러나 이것만으로 인식이 이루어지진 않는다. 유한한 직관이 인식일 수 있으려면, 그것은 수용된 존재자가 누구에게나 언제든 개방된 것으로서 접근될 수 있도록 만들어야만 한다. 직관된 것은 개별자지만, 그것이 또한 인식된 것이라면, 그것은 그것이 무엇이고 어떻게 있는지가 누구에게든 이해될 수 있도록 규정되어 있어야만 한다. 이는 그 직관된 것이 우리에 대해 동일자로 존재해야만 함을 뜻하기도 한다. 하이데거의 예시를 인용하자면, "이 직관된 개별자, 여기 분필 조각이 분필 또는 물체로서 규정되어 우리가 서로 이 존재자를 우리에 대해 동일한 것으로 인식할 수 있어야만 한다."(KPM, 27) 그렇게 해 주는 것이 바로 사고다. 사고에 의한 인식에서 비로소 직관된 개별자는 ① 이러저러한 것으로서 규정되고, ② 그와 같은 것으로서 누구에게나 동일하게 이해될 수 있으며, 또한 ③ 그렇게 남들에게 전달될 수 있다.

직관된 개별자는 사고의 규정에서 그것이 ④ 일반적으로 무엇인가와 관련하여 표상된다. 하지만 이때도 여전히 그 일반자가 주제로 삼아지는 것은 전혀 아니다. 직관된 분필 조각을 하나의 분필이라고 규정하는 사고에서도 여전히 인식은 직관이므로 그 개별자를 향한다. 하지만 그 개별자는 그 개별자를 비롯하여 다른 숱한 분필 조각들에 대해서도 똑같이 타당한 방식으로 규정된다. 즉 분필이라는 일반적 표상, 곧 개념이 주제화되는 것이 아니라, 그 직관된 개별자가 분필이라는 개념 속에서 표상된다. 이를 통해서 사고는 직관에 봉사한다. 즉 직관 속에서의 표상을 개념을 통해서 '더욱 표상적으로' 만든다.

직관된 개별자를 일반적으로 규정하는 표상으로서 사고는 또한 그 자체로 ⑤ 판단이다. 그것은 그 개별자(눈앞의 한 사물)에 대해 이러저러하다는 술어(분필)를 결합하는 판단('이것은 분필이다')이다. 칸트는 이러한 판단능력을 지성이라고 부른다. 지성의 판단으로서 사고가 직관에 봉사함으로써 직관은 인식이 된다.

우리가 마주치는 존재자가 우리에게 대상으로서 개방되는 것은 이러한 인식에서다. 사고와 직관의 종합에서 존재자의 진리가 성립한다. 즉 사고가 직관과 합일함으로써 존재자의 사태적 규정성이 드러난다. 그래서 하이데거는 이렇게 존재자와 관계하는 종합을 '진리적 종합'이라고 일컫는다. 이어서 그는 몇 가지 다른 종합을 구별하여 명명한다. 판단에서 개별자가 여럿에 대해 타당한 개념으로 포섭될 때의 합일을 하이데거는 '술어적 종합'이라고 부른다. 다음으로 문장 속에서 주어와 술어의 결합을 그는 '명제적 종합'이라고 부른다. 이 가운데 하이데거가 특별히 주목하는 것은 존재자를 존재자로서 개방하는 '진리적 종합'이다. 여기에 유한한 인식의 본질이 놓인다. 하지만 그것은 다른 두 종합과 구조적 통일성을 형성한다.

하이데거는 이처럼 유한한 직관과 합일해야 한다는 데서

사고의 유한성을 본다. 그렇지만 사고는 직관의 직접성을 결여한다는 점에서도 유한하다. 지성의 표상은 일반자를 '경유'해야만 한다. 사고의 '논증적' 성격이란 이러한 직접성 결여의 이면에 다름 아니다. 하이데거는 그 낱말('diskursiv^논증적')의 어원이 본래 간접성, 곧 '우회하는^umwegig'에서 나온 것임을 환기하면서, 그 논증성이야말로 사고의 유한성을 나타내는 지표라고 주장한다.

칸트는 직관의 특성이 수용성인 반면에 사고의 특성은 자발성이라고 본다. 물론 사고는 유한한 인식의 사고로서 절대적 인식과 같이 인식 대상을 산출하지는 못한다. 하지만 사고는 모종의 산출을 해낸다. 존재자에 관한 판단에서 사고는 비록 그 내용을 창조하진 못하나, 여럿에 대해 타당한 개념의 통일적 형식을 산출한다. 이에 대해서는 뒤에서 더 상론할 것이다.

이제까지 인식 유한성에 대한 논의가 '주체'의 편에서 이루어졌다면, 이제부터 하이데거는 '객체'의 편에서 동일한 주제를 논하고자 한다. 여기서 그 유명한 현상과 물자체의 구별에 대한 하이데거의 해석이 등장한다. 그에 따르면, 그 개념쌍도 인간 인식의 유한성과 신적 인식의 무한성의 대비에 따라 이해되어야만 한다. 우선 현상은 주관적인 상태라든가 심적인 관념 따위가 아니다. 유한한 인식은 수용하는 직관이기 때문에 인식되어야 할 것이 자신을 그 편에서부터 드러낼 수 있어야만 한다. 이처럼 자신을 자신의 편에서부터 드러내는 존재자, 이것이 곧 현상이다. 따라서 현상이란 그저 존재자이되, 다만 유한한 인식의 대상으로서의 존재자다. 반면에 무한한 인식은 존재자를 산출하는 직관이다. 무한한 인식에 대해서 존재자는 자신을 그 편에서부터 스스로 드러내는 대상일 수 없다. 무한한 인식은 자신이 거기에 맞추어야 할 그런 맞서 있는 대상과 같은 것을 가지지 않는다. 무한한 인식에는 그저 존재자가 그 자체로 개방되어 있을 뿐이다.

그래서 하이데거는 "'현상에서의' 존재자는 존재자 그 자체와 동일한 존재자"(KPM, 31)라고 말한다. 다만 그것이 유한한 인식에 대해서는 대상이 될 따름이다. 하이데거는 이러한 해석의 전거로 칸트 유고의 한 구절을 가져온다. 거기에서 칸트는 "'물자체'와 '현상 속 사물' 간의 개념 구별은 객관적이 아니라 한갓 주관적이다. 물자체는 다른 객체가 아니라 동일한 객체에 관계하는 표상의 다른 방식"이라고 말한다.[8] 즉 둘의 차이는 무한한 직관에 대한 존재자인가, 유한한 직관에 대한 존재자인가의 차이일 뿐이라는 것이다.

따라서 현상은 단순히 가상일 수 없다. 동일한 맥락에서 '현상 뒤편에'라든가 '한갓된 현상'과 같은 칸트의 표현도 유의하여 해석해야 한다. '뒤편에'는 물자체가 현상과 별개로 존재한다는 인상을 풍기지만, 하이데거에 따르면 이는 단지 물자체가 유한한 인식에는 본질적으로 접근될 수 없음을 뜻할 따름이다. '한갓된 현상'이라는 표현에서 '한갓'도 현상이 가상이라든가 현실성이 떨어진다는 뜻이 전혀 아니라, 단지 존재자가 인간 인식에서는 무한하게 인식되어 있지 않음을 뜻할 뿐이다.

나아가 칸트가 '우리 바깥에'라는 표현을 쓸 때, 여기에는 이중적인 의미가 있음을 헤아려야 한다. 한편으로 존재자는 물자체로서 '우리 바깥에' 있다. 그것은 유한한 직관에는 그 접근이 원천적으로 배제되어 있기 때문이다. 하지만 다른 한

---

8   E. Adickes가 1920년에 편집한 Kant, *Opus postumum*, 653 참조. KPM, 33에서 재인용.

편으로 존재자는 현상으로서도 '우리 바깥에' 있다. 우리에게 직관되는 존재자가 우리 자신이 아닌 한에서, 인식된 그 존재자는 '우리 바깥에' 있는 것이 틀림없기 때문이다.

이로부터 하이데거는 물자체에 대한 잘못된 관념 두 가지를 비판한다. 하나는 물자체를 현상이라는 대상의 층위 너머에 놓인 또 다른 대상의 층위로 간주하는 해석이다. 이러한 해석은 물자체와 현상을 별개의 대상으로 간주하는 오류를 범한다. 다른 하나는 물자체의 인식 불가능성을 실증주의적으로 입증할 수 있다고 믿는 경우다. 이러한 믿음은 은연중에 물자체를 유한한 인식의 내부에서 아무튼 생각될 수 있는 무언가로 가정한다. 하지만 이상의 해석에 따르면 물자체는 유한한 직관에는 본질적으로 차단되어 있다.

6절 형이상학 정초의 원천근거

유한한 직관은 지성에 의한 규정을 필요로 하고, 유한한 지성은 직관에 봉사한다. 따라서 유한한 현존재에게 인식이 이루어지려면 감성과 지성이 합일되어야 한다. 그래서 칸트는 둘 중 어느 것도 다른 것에 대해 선호되어서는 안 된다고 말하기도 한다(A51/B75). 하지만 하이데거는 이러한 진술을 감성과 지성이 무차별적으로 대등함을 뜻하는 것으로 해석하면 안 된다고 주의를 준다. 그렇다면 인식의 본질이 직관이라는 앞선 해석과 배치되고 말 것이기 때문이다. 하이데거에 따르면, 그 진술은 어디까지나 사고는 직관을 겨냥한다는 직관의 우위하에서 둘의 상호 공속성을 강조하는 것일 뿐이다.

유한한 인식의 본질은 사고와 직관의 상호 공속적 합일에 있다. 하이데거는 칸트가 여러 곳(A50/B74, A294/B350)에서 인식이 "두 원천"에서 발원한다고 언급함을 지적한다. 물론 그 두 원천은 직관과 사고, 또는 감성과 지성이다. 그러나 하이데거의 해석에 따르면, 단순히 각기 따로 성립하는 두 원천을 나란히 합친 결과로 인식이 생겨나는 것은 아니다. 오히려 통일성이 먼저다. 두 원천을 합일하는 원천근거가 두 요소들을 통일성 속에서 발원하도록 하지 않으면 안 된다.

하이데거는 이러한 해석을 위한 전거로 무척 흥미로운 구절 두 군데를 인용한다. 각각은 『비판』의 도입부와 결론부에 위치한다. 도입부에서 칸트는 "인간 인식의 두 줄기"가 있고 이것이 "아마도 공통의, 하지만 우리에게 알려지지 않은 뿌리에서 나온다"(A15/B29)고 말한다. 그리고 결론부에서는 "우리 인식능력의 일반적 뿌리가 갈라지면서 두 줄기를 내뿜는다"(A835/B863)고 말한다. 첫 번째 인용문에서 언급한 인식의 "두 원천"이 두 번째 인용문에서 언급한 인식의 "두 줄기"에 해당함은 명백하다. 즉 인식의 두 줄기는 감성과 지성이다. 하지만 그 두 줄기의 공통 뿌리에 해당하는 것은 무얼까? 이는 하이데거의 지적대로 실로 호기심을 자아내는 구절임이 분명하다. 이후에 하이데거는 "우리에게 알려지지 않은" 그 뿌리란 상상력이라고 주장한다. 상상력이 감성과 지성의 공통 원천으로서 그 둘의 통일성을 지탱한다는 것이다.

7절 존재론 정초의 제諸 단계

칸트는 형이상학 정초의 문제를 선험적 종합의 가능성 문제로 파악했다. 하이데거는 이상의 논의로 선험적 종합의 문제가 한편으로 선명해졌고, 다른 한편으로 여러 문제와 복잡하게 얽혀 들었다고 말한다.

우선 선험적 종합의 가능성 문제는 유한한 현존재의 초월이라는 문제로 선명해졌다. 존재자의 인식은 존재자의 존재구성틀에 대한 선험적 인식의 토대에서만 가능하다. 그런데 그 선험적 인식은 칸트에 따르면 감성과 지성에, 곧 우리의 마음에 그 원천을 둔다. 따라서 형이상학 정초의 문제는 선험적 인식이 가능하려면 우리의 마음이 어떻게 구성되어야 하는가의 문제, 곧 선험적 인식을 가능하게 하는 주체의 주체성을 묻는 문제가 된다. 하이데거의 용어로 재서술하자면, 존재론적 이해, 즉 존재자의 존재구성틀의 선험적 이해가 이루어질 수 있으려면 유한한 현존재의 존재구성틀이 어떠해야 하는가를 물어야 한다. 이것이 곧 유한한 현존재의 초월 문제다. 하이데거는 '초월론적인'이라는 용어를 '초월을 형성하는'이라는 뜻으로 해석한다(KPM, 42). 그에게 초월이란 현존재가 존재자에 의존한다는 유한성에도 불구하고 선행적 존재이해를 통해서 존재자를 넘어섬을 뜻한다.[9] 존재자를 대상으로 수용하는

---

9   하이데거는 '초월'을 한 곳(KPM, 42)에서는 존재자'를' 넘어감으로, 다른 곳(KPM, 16)에서는 존재자'로' 넘어감으로 해설한다. 여기에는 미묘한 차이가 있으나 지나치게 자구에 매달릴 필요는 없을 듯하다. 하이데거의 전기 철학 전반에서 '초월'은 존재자를 넘어서 존재 또는 세계로 나아감을 뜻한다. 반면에 존재자로 넘어감, 즉 주관을 넘어서 존재자로 나아감은 사실 『존재와 시간』에서 하이데거가 비판하는 초월 개념이다. 어쩌면 하이데거는 칸트 역시 이러한 문제적인 초월 개념에서 충

유한한 인식은 선행적 존재이해를 통한 초월에 빚진다.

이처럼 선험적 종합의 문제가 초월의 문제로 선명해짐과 더불어 그 문제는 복잡하게 얽혀 들기 시작한다. 존재자의 인식은 이미 존재하는 것을 수용하는 인식이라는 점에서 유한하다. 반면에 선험적 종합, 곧 존재론적 인식은 그런 모든 존재자의 수용에 앞서서 그런 수용을 가능하게 하는 조건이다. 따라서 존재론적 인식은 수용적 인식일 수 없다. 존재론적 인식에서 인식되는 것, 곧 존재는 현존재가 자신이 아닌 것으로부터 수용하는 것일 수 없다. 그 경우 존재론적 인식은 경험적인 것이 되고 말 것이기 때문이다. 그런 점에서 순수한 인식으로서 존재론적 인식은 유한하지 않은, 곧 '창조적인' 직관과 흡사해진다. 따라서 선험적 종합의 문제는 어떻게 유한한 현존재가 무한한 직관을 소유하는 창조자도 아니면서 비-수용적인, 그 점에서 유한해 보이지 않는 그런 직관에 이를 수 있는지의 문제와 얽혀 든다.

분히 자유롭지 못하다고 보아 존재자'로' 넘어감과 같은 표현을 사용하기도 한 것일 수 있다.

선험적 종합의 문제는 그 밖에도 여러 문제와 엮인다. 하이데거는 이를 고려하여 정초의 제 단계를 구분한다. 첫째로, 정초는 순수인식을 이루는 두 순수 요소, 곧 순수직관과 순수사고의 본질을 제각각 파악해야만 한다. 둘째로, 순수인식에서 두 요소의 근원적 통일성이 어떤 성격을 지니는가를 규명해야만 한다. 셋째로, 순수 진리적 종합에 속하는 개념들, 곧 모든 경험에 앞선 순수한 술어들인 존재론적 술어들 —곧 범주— 의 본질에 대한 문제를 다루어야만 한다. 넷째로, 정초의 문제는 그 종합을 가능하게 하는 근원적 근거 —곧 상상력— 를 해명하는 문제로까지 발전해야만 한다. 다섯째로, 정초의 전 단계를 총괄하면서 어떻게 존재론적 인식이 존재자적 인식의 가능 조건일 수 있는가를 통찰해야만 한다.

8절 근원해명의 방법

하이데거는 정초의 단계적 실행을 앞두고 끝으로 방법의 문제를 다룬다. 즉 존재론적 인식이 유래하는 원천으로 소급해 들어가는 탐구의 방식은 무엇인가? 어떤 종류의 탐구인가? 하는 문제다. 하이데거는 이에 대해 처음부터 방법을 명료히 규정할 수는 없다고 답한다. 존재론적 인식의 내적 가능성을 구상하는 칸트의 작업은 앞서 언급한 바처럼 전인미답의 분야를 최초로 파고드는 것이기 때문이다.

하이데거는 이렇게 즉답을 피하면서도 정초의 문제를 실행하는 작업이 어떤 분과에 속하지 않는가에 대해서만큼은 아주 분명하게 밝힌다. 정초의 작업은 존재론적 인식이 솟아나는 원천을 마음에서 구하고 있으니, 심리학에 속한다는 견해가 있다. 또한 인식의 본질이 판단, 곧 로고스에 있다고 해석하면서 정초의 실행을 논리학으로 간주하려는 견해도 있다. 하지만 하이데거는 칸트의 형이상학 정초 작업은 심리학이라는 분과로도, 논리학이라는 분과로도 파악될 수 없다고 주장한다. 형이상학 정초는 미지의 분야를 개척하는 작업인 만큼, 전통적 분류에 따라 심리학이나 논리학으로 재단될 수 없다.

그래서 하이데거는 정초의 실행을 성급하게 하나의 분과로 몰아넣는 것보다 그에 관한 방법의 문제를 아예 열어 두는 편이 낫다고 본다. 그러면서도 일반적으로 말해서 형이상학 정초 작업은 아주 넓은 의미에서 "분석론Analytik"으로 파악될 수 있다고 말한다. 물론 이는 하이데거가 『존재와 시간』에서,

칸트가 『비판』에서 사용했던 명칭이기도 하다. 정초는 유한한 순수이성이 자신의 본질에 따라서 어떻게 존재론적 종합과 같은 것을 가능하게 하는가를 해명하는 작업이다. 이를 위해서는 유한한 순수이성의 '분석론'이 착수되어야만 한다. 이는 단순히 순수이성을 요소별로 쪼개어 해체한다는 의미가 아니다. 정초의 진행은 존재론적 종합의 가능성이 싹트는 조건들을 풀어헤쳐서 발굴해 낸다는 의미에서 분석론이다. 분석론은 결국 유한한 순수이성의 본질이 그 고유한 근거에서부터 어떻게 발생하는가를 보여 주는 작업이 된다. 나아가 이를 위해서 분석론은 순수이성의 본질을 미리 구상하여 선취하지 않을 수 없다. 그래서 하이데거는 형이상학 정초 작업에 구상Entwurf(기획투사)과 구성Konstruktion의 성격이 내재함을 지적한다.[10]

B. 존재론의 내적 가능성 구상을 실행하는 다섯 단계

하이데거는 칸트의 형이상학 정초 작업이 어떻게 실행되

---

10 이는 42절에서 재차 다루어진다.

는가를 다섯 단계로 정리한다. 형이상학 정초란 존재론적 인식의 내적 가능성을 해명하는 것이다. 하이데거의 해석에 따르면, 칸트가 순수인식이라고 부르는 것이 존재론적 인식이다. 순수인식은 순수직관과 순수사고로 이루어진다. 그래서 우선 이 두 요소, 즉 시간과 공간 및 순수지성개념들을 개별적으로 고찰하는 작업이 정초를 실행하는 첫 단계가 된다. 하지만 하이데거는 이내 그러한 개별적 고찰의 한계를 지적한다. 요소별 고찰은 순수인식으로서 순수종합에서의 본질적 통일성을 헤아리지 못한다. 그래서 정초 실행의 둘째 단계는 그러한 본질적 통일성의 성격을 제시하는 작업이다. 여기서 하이데거는 『비판』의 개념 분석론 제10절 "순수지성개념 또는 범주에 대하여"를 집중적으로 주해한다. 이어서 셋째 단계는 존재론적 인식의 통일성이 어떻게 가능한가를 순수 상상력을 중심으로 설명한다. 순수 상상력은 두 요소의 매개자로 등장한다. 여기서는 "범주의 초월론적 연역"이 중점적으로 해설된다. 다음 단계는 정초의 실행에서 가장 결정적인 단계로 밝혀진다. 하이데거는 존재론적 인식의 내적 통일성이 순수 상상력의 초월론적 도식화에 근거를 둔다고 주장한다. 그리고 이러한 주장을 칸트의 도식론, 곧 "초월론적 도식화"를 중심으로 개진한다. 마지막 단계에서 하이데거는 원칙론의 한 곳("모든 종합판단의 최상원리에 대하여")을 해설하면서 존재론적 인식의 완전한 본질을 제시한다.

정초 1단계 순수인식의 본질요소들

유한한 현존재에게 인식은 사고에 의한 규정을 필요로 한다. 순수인식도 마찬가지다. 순수직관이 순수인식이려면 그것은 자신을 순수사고를 통해 규정해야만 한다. 이러한 두 요소의 개별적 고찰이 첫 단계의 주제다. 여기서 하이데거는 먼저 순수직관으로서 공간과 시간을, 이어서 순수사고, 더 정확히는 순수지성개념을 논한다.

9절 공간과 시간을 순수직관으로 해명함

순수직관에 관한 하이데거의 해설은 이곳과 28절에서 중점적으로 이루어진다. 하이데거의 견지에서는 순수 상상력을 순수직관의 근원으로 해석하는 28절의 해설이 더 완성된 형태라 할 수 있다. 하지만 그곳의 논의는 기본적으로 이곳에서의 해석을 기초로 삼아 더 심화하는 방식을 취한다.

여기에서는 순수인식의 한 요소로서 순수직관을 규명하는 것이 과제다. 하이데거는 이렇게 문제를 던진다. "존재자의 인식에서 어떻게 순수직관과 같은 것이 발견될 수 있을까?"(KPM, 44) 존재자의 인식은 순수인식을 조건으로 가능하다. 순수인식의 한 요소가 순수직관이니, 존재자의 인식에는 순수직관이 그 근저에 미리부터 놓여 있어야만 한다. 문제는 순수직관이란 대체 어떤 것이기에 그 자체 비경험적이면서도 경험의 근저에 놓일 수 있는가다. 물론 우리는 칸트의 잘 알려진 답변을 이미 알고 있다. '직관의 내용은 경험으로부터 오지만 그 형식은 순수하다. 즉 순수직관이란 직관의 형식이다. 그리고 모든 경험적 직관에 공통된 직관 형식은 두 가지로, 곧 공간과 시간으로 밝혀진다. 공간은 외감에 주어지는 것들의 형식, 시간은 내감에 주어지는 것들의 형식이다.'

그러나 하이데거는 질료와 형식이라는 대립개념에 의거한 답변은 피상적이고 불충분하다고 본다.[11] 그의 현상학적 해석

---

11 특히 하이데거는 형식이라는 말에서 이를테면 쿠키 만드는 틀로 원료의 형태를

에서 독특한 점은 순수직관이 단순히 형식에 불과하다고 보지 않는다는 것이다. 그에 따르면 순수직관에서도 무언가가 주어진다. 물론 순수한 직관인 이상 존재자가 주어질 수는 없다. 하지만 순수직관에서 표상되는 것이 그저 아무것도 아닌 것은 아니다.

순수직관이 단순히 직관의 형식이 아니라 직관되는 무언가를 가진다면, 그것은 어떤 점에서 '창조적'이라는 뜻이다. 순수직관은 경험적 직관처럼 직관되어야 할 것을 자신이 아닌 것으로부터 수용하지 않는다. 그러면서도 직관되는 무언가를 가진다. 그렇다면, 그 무언가는 그 자신으로부터 나온 것이어야만 한다. 순수직관은 직관되어야 할 것을 "직관 속에서, 그리고 직관을 통해서"(KPM, 47) 자신에게 스스로 주어야만 한다. 즉 순수직관은 직관으로서 수용적이면서도 비경험적인 직관으로서 '창조적'이어야만 한다.

순수직관에서 표상되는 것은 공간과 시간이다. 하이데거

만드는 것과 같은 것을 떠올린다면 그것은 커다란 오해라고 지적한다. GA 25, 122 참조. 칸트에게 형식이 그와 같이 질료(원료)를 가공하는 것이라면, 칸트는 조악한 구성주의자가 되고 말 것이다.

의 해석은 공간에서부터 시작한다. 우선 순수직관으로서 공간이 아닌 것부터 확인할 필요가 있다. 순수직관으로서 공간은 이 공간이나 저 공간이라고 지칭될 수 있는 것이 아니다. 그런 것은 공간상의 특정한 위치나 자리다. 이것 옆에, 저것 위에, 책상 뒤에 등등 특정한 공간적 관계나 집, 학교, 지구 등등 특정한 공간적 자리는 경험적으로 표상된다. 오히려 그런 모든 경험적 표상, 즉 연장된 것으로서 존재자가 특정한 공간적 배치 속에서 나타날 수 있기 위해서 미리부터 개방되어 있어야만 하는 그런 것이 순수직관으로서 공간이다. 특정한 공간적 관계는 모든 가능한 공간적 관계를 부분으로서 포괄하는 단일한 전체적 공간 속에서만 가능하다. 순수직관에서 표상되는 공간이란, 그런 모든 부분을 포괄하는 전체의 통일성이다. 공간은 외감에서 만나지는 것들이 배열되는 순수한 관계들의 단일한 전체다.

개별 공간들, 가령 강의실이나 한 조각의 분필이 차지하는 공간 따위는 하나의 단일한 공간의 부분들이다. 하지만 이 부분들은 독자적으로 존립할 수 없고 오로지 이 단일한 전체 공간의 부분들로서만 개별 공간들일 수 있다. 즉 그 부분들을 합한 결과로 전체 공간이 나오는 것이 아니다. 그래서 하이데 거는 엄밀히 따져서 개별 공간들은 '부분들'이 아니라 단일한 공간의 '한정들'이라고 표현한다.

순수하게 표상된 것으로서 공간은 모든 개별적인 공간적 관계에 대해 '타당'하다고 말할 수도 있겠다. 그런 점에서 여 럿에 대해 타당한 표상으로서 개념처럼 여겨질 수도 있다. 하 지만 칸트는 공간이 개념과 같은 '논증적' 표상이 아니라고 확 언한다. 개별적인 여러 공간적 관계를 한데 모아 비교함으로 써 비로소 단일한 공간이라는 통일성이 생겨나는 것이 아니 다. 따라서 공간의 통일성은 개념의 통일성일 수 없다. 그것은 그 자체로 유일무이한 것의 통일성이다. 유일무이한 공간이 한정됨으로써 여러 개별적 공간, 곧 여기, 저기 등이 생겨난 다. 순수하게 표상된 것으로서 공간은 바로 그런 유일무이한 것, 그런 의미에서 역시 개별자다. 시간 역시 그 자체로 유일 무이한 개별자다. 일반자가 아니라 개별자를 수용하는 표상 으로서 시간이나 공간은 개념이 아니라 직관일 수밖에 없다.

공간은 개념의 매개 없이 직접 유일무이한 개별자로서 주 어진다. 그것도 단번에 전체로서 주어진다. 순수직관은 아무리 좁게 한정된 자리에서도 공간 전체를 미리부터 직관한다. 이를 조건으로 비로소 이런저런 대상이 공간을 차지하는 것으로 직관될 수 있다. 하이데거에 따르면, 칸트가 "공간은 무한한 크기로서 주어진다고 표상된다"(A25/B39)고 말할 때, 그 '무한한 크기'는 한정된 공간의 크기에 비해 한없이 크다는 뜻이 아니다. 그것은 단적으로 유일무이한 공간으로서, 이런저런 크기를 가능하게 해 주는 양量 자체를 가리킨다.

어떠한 직관에서도 전체 공간은 함께 직관된다. 여기 작은 분필 한 조각을 직관할 때도 공간 전체가 함께 직관된다. 공간 전체가 함께 직관되기 때문에 그 분필이 일정한 공간적 배치 속에서 직관될 수 있다. 하지만 함께 직관되는 공간은 비주제적으로, 비대상적으로 머문다. 공간 전체와 그 속에서 사물의 배치가 비주제적으로 직관되는 가운데 그 사물을 주제화하는 지각이 이루어지는 것이다.

10절 보편적 순수직관으로서 시간

칸트의 철학에 대한 통상의 해석에 따르면, 공간은 외감 형식, 시간은 내감 형식이다. 내감, 곧 우리 마음의 상태에는 여러 종류가 있다. 표상, 욕구, 기분과 같은 마음 상태에는 어떠한 공간적 형태나 관계도 있을 수 없다. 데카르트의 심신이원론이 극명하게 보여 주었듯이, 심적인 현상들에는 공간을 차지하는 외연이 없다. 대신에 우리는 순차적으로 연속하는 마음의 상태들을 발견한다. 이런저런 심적 상태들이 마음속에서 연속적으로 흘러간다. 통상 시간이란 이러한 내적인 현상들의 형식이라고 해석된다.

반면에 하이데거는 공간 직관과 마찬가지로 시간 직관도 단순히 형식일 수 없다고 본다. 순수직관에는 직관되는 무언가가 있다. 그것은 바로 순수한 지금 계기들의 연쇄다. 그것은 과거와 미래로 끝없이 뻗어 있는 지금-점들의 연속적 배열 관계의 전체다. 이것이 직관되는 가운데 이런저런 심적 상태가 순차적인 시점 속에서 나타날 수 있다. 하이데거가 10절에서 특별히 언급하지는 않지만, 앞서 공간 직관의 순수직관으로서의 특성에 대해 언급했던 사항들은 순수직관으로서 시간 직관에도 그대로 타당하다고 볼 수 있다. 이는 '내감과 관련해 순수하게 직관되는 것은 시간적 관계들의 단일한 전체다.' '이는 개념의 일반성과 달리 유일무이한 개별자의 일반성이다.'

'특정한 시간 단위나 길이 등은 순수직관으로서 시간의 한정들이다.' '특정한 내적 현상이 일정한 시점에서 주어지기 위한 조건이 순수직관으로서 시간의 선소여다' 등과 같이 표현될 수 있다.

하이데거는 이러한 특성에 대해 언급하는 대신에 공간에 대한 시간의 우위를 설명하는 데 많은 공을 들인다. 칸트는 "시간은 외적 현상들의 규정일 수 없다"(A33/B49)고 말한다. 그렇다면 외적 현상들에는 공간만이 적용될 수 있는 듯하다. 하지만 만일 그렇다면, 두 순수직관은 외감과 내감이라는 두 경험 영역으로 분할되고 말 것이다. 그렇게 순수직관의 통일성이 불가능해진다면, 순수인식도 통일성을 갖출 수 없게 될 것이다. 따라서 결과적으로 존재론적 인식의 문제를 보편적으로 제기할 가능성은 사라지고 만다. 하지만 실제로 칸트는 공간보다 시간에 우위를 두기 때문에 이러한 난관을 겪지 않는다. 그가 말하듯이 "시간은 모든 현상 일반의 선험적인 형식적 조건이다."(A34/B50) 즉 시간은 공간과 달리 '보편적' 순수직관이다.

그렇다면 칸트에게는 서로 대립하는 두 논제가 들어서는

듯하다. 한편에는 시간을 내감에 한정하는 논제가, 다른 한편에는 시간을 보편적 순수직관으로 확장하는 논제가 말이다. 하지만 우리는 시간을 정말로 내감에만 한정할 수는 없음을 이미 경험상 익히 안다. 무수한 외감의 변화들, 하늘의 별, 태양, 달의 움직임, 그리고 자연의 성장과 소멸에서 시간을 발견한다는 것은 명백하다. 아니 연월일이라는 시간규정 자체가 천체의 운동에서 비롯하지 않는가. 그러니 시간의 보편성 논제는 필수적이다. 문제는 칸트가 시간이 내감 형식임을 고수하면서 어떻게 그것의 보편성 또한 주장할 수 있는가다.

하이데거에 따르면, 칸트는 '표상'이라는 용어의 이중성에 의존하여 그 문제를 해결한다. 표상은 한편으로 내적인 표상작용이다. 하지만 다른 한편으로 그것은 표상작용에서 표상되는 외적인 현상을 가리킨다. 내적인 표상작용이 직접 시간 속에 있다면, 그러한 표상작용에서 표상되는 외적인 현상, 곧 외연을 차지하는 대상들도 간접적으로 시간 속에 있을 수밖에 없다. 모든 표상 상태가 순차적인 시간 질서를 따른다면, 그런 표상에서 표상되는 사물들도 시간 관계 속에 배열될 수밖에 없다.

하이데거는 시간의 보편성에 대한 칸트의 논증에 대해 어느 정도 거리를 두는 태도를 보인다. 칸트에게 시간은 여전히 의식철학적 용어로 기술된다. 칸트에게서 시간은 본래 마음'속에' 있다. 사물들은 마음속에서 표상되는 한에서 시간 질서로 편입된다. 반면에 하이데거에게 시간은 세계-내-존재로서 현존재의 존재 지평이다. 둘 사이 시간관의 이러한 간극은 하이데거로 하여금 칸트의 논증을 선뜻 받아들일 수 없게 만든다.

그럼에도 하이데거는 칸트에게서 시간과 주체성의 관계 문제를 자신의 철학적 견지에서 수용함으로써 그 간극을 좁히려고 애쓴다. 그때 관건은 칸트에게서 "주체성의 본질을 더욱 근원적으로 규정"(KPM, 51)하는 것이다. 주체에 내재한다고 하는 시간을 탈-의식철학적으로, 탈-주관주의적으로, 탈-심리학적으로 해석하려면, 결국 주체의 주체성을 근본적으로 존재자에 대해 열려 있는 것으로 해석하는 작업이 관건이 된다. 그러한 작업이 성공할 때만, 시간 직관의 보편성 논제가 정당화될 뿐만 아니라, 시간이 그 주체성에도 불구하고 ─만일 주체성의 재해석이 성공한다면 '불구하고'가 아니라 '오직 그 주체성에 근거하여'라고 표현해야만 할 것이다— 대상 인식의 지평을 내놓는 존재론적 인식의 핵심 기능을 맡을 수 있게 된다.

11절 순수지성개념(관념)

인식의 다른 요소는 사고다. 사고는 직관된 개별자를 이러 저러한 것이라고 일반적 표상 속에서, 즉 개념 속에서 규정한다. 인식이 개념에 의한 직관이듯이, 순수인식은 순수개념에 의한 순수직관이다. 하이데거는 순수개념의 해설에 앞서 우선 개념에 대해 일반적으로 해설한다. 여기서 우리는 5절에서 간략히 제시된 해설의 심화 형태를 볼 수 있다. 그러나 더 완전한 해설을 위해서는 20절, 21절, 그리고 특히 33절의 c)까지 참조해야 한다.

한 마리의 말티즈, 치와와, 시추 등은 모두 개라고 표상된다. 그러한 직관된 개별자들, 곧 이 말티즈, 치와와, 시추 등은 그러한 '여럿에 대해 타당한' 것 —곧 개— 을 고려하여 이러이러한 것 —'이 말티즈는 개다'— 이라고 규정된다.[12] 이러

---

12 플라톤적 전통에 따라서 '여럿'이란 다양한 개별자들을 가리킨다.

한 '여럿에 대한 타당성'이 바로 개념으로서 표상의 특성이다. 하지만 하이데거는 그것이 개념의 근원적 본질은 아니라고 본다. 여럿에 대한 타당성은 개념에서 여러 대상이 일치하는 '하나'가 표상된다는 데서 비롯한다. 즉 하나라는 성격이 개념의 근원적 본질이고, 이로부터 여럿에 대한 타당성이 파생한다. 개념적 표상에서 근원적으로 본질적인 것은 여럿이 일치할 수 있을 그러한 "하나를 미리 끄집어내어 봄"이다. 즉 여러 마리의 말티즈, 시추 등을 보면서 순전히 무작위적인 잡다를 표상하는 대신에 그 모두를 미리부터 개라고 통일적으로 표상하는 것, 이것이 개념적 표상에서 근원적인 작용이다. 그런 하나의 선취가 "개념을 형성하는 근본작용"(KPM, 52)이다. 이를 칸트는 "반성" 또는 "숙고"라고 부른다. 나아가 반성 또는 숙고를 기초로 '비교'와 '추상'이 이루어진다. 즉 여럿을 포괄하는 하나 —좌우간 개라는 것— 를 선취함으로써, 그 하나에 견주어 다양한 것들 —키, 몸통 둘레, 다리 수와 모양, 귀의 모양, 꼬리 모양 등— 을 '비교'하고, 또한 그 하나와 어울리지 않는 것 —위치, 시점, 자세, 나이, 색깔 등— 을 도외시(추상)한다.[13] 여럿의 비교와 추상은 하나를 선취하는 반성의 주도하에서 반성과 더불어 개념을 형성한다. 이처럼 우리는 다양하고 많은 개의 비교와 추상을 통해 개의 일반적 속성을 확정할 수 있다.

개, 나무, 물체 등 경험적 개념은 모두 이렇게 반성에서 형성되는 표상이다. 개념에서 표상된 것은 반드시 여럿에 대해 타당한 하나라는 형식을 갖추는데, 그 하나라는 '형식'은 바로 지성의 반성작용에서 나온다. 그래서 개념들은 반성'된' 표상이라고도 불린다. 하지만 '내용'상으로 그 하나가 무엇인지까지 반성에서 유래하는 것은 아니다. 그 하나가 내용상 무엇인지는 경험적 직관에서 얻어진다. 즉 개의 일반적 속성을 확정하려면 다양하고 많은 개의 직관을 비교하고 추상하는 작업이 필요하다.

존재자의 경험에서 얻어 내는 개념에 관한 설명은 여기까지다. 경험적 개념은 단지 그 형식만 지성의 반성에서 유래할 뿐, 그 내용은 경험에서 얻어진다. 반면에 칸트는 그 내용까지도 선험적으로 주어지는 개념을 관념^{Notion}이라고 부른다.

---

13 이에 관한 설명으로 GA 25, 231-232를 함께 참조하라.

관념과 관련하여 제기되는 문제는 어떻게 지성이 비단 형식이 아니라 그 무엇이라는 내용까지 제공할 수 있는가다.

지성의 반성작용은 미리부터 하나를 선취하는 것이다. 여럿이 결합할 수 있을 하나를 미리부터 내다봄이다. 그런데 여럿을 하나로 묶어 내는 합일이 이루어질 수 있으려면 합일의 기준이 필요하다. 반성작용의 합일은 단순한 무작위가 아니라 일정한 단위에 따라서 이루어져야만 한다. 그래서 하이데거는 반성작용이란 "합일을 이끄는 통일 단위 그 자체의 선행적 표상"(KPM, 54)이라고 설명한다.

반성은 지성의 근본작용이다. 반성에 통일 단위의 표상이 포함된다는 것은 지성 활동의 근본구조에 통일 단위의 표상이 포함된다는 말이다. 이렇게 지성의 활동에서 필수적으로 표상되는 통일 단위들, 칸트에 따르면 총 열두 개인 통일 단위들이 곧 순수개념의 내용이다. 즉 칸트가 말하는 실체, 인과성, 상호성 등이 여러 다양한 표상을 합일하는 각각의 단위다. 이들은 본질적으로 경험적으로 얻어지는 것이 아니라 지성 활동의 구조에 속한다. 예컨대 개라는 경험적 개념을 반성 속에서 형성할 때, 그 온갖 차이에도 불구하고 여러 개별 표상을 개라는 하나의 표상 속에서 반성할 수 있는 것은 불변적으로 머무는 실체와 같은 개념이 처음부터 그 지성 활동의 근간에 놓이기 때문이다.

앞서 말했듯이, 경험적 개념은 반성작용에서 비롯하며, 그래서 반성된 개념이다. 반면에 순수개념은 반성작용에서 비롯하는 것이 아니라 지성의 반성구조 자체에 속한다. 즉 그것은 경험적 개념을 반성할 때 활동하는 표상이다. 순수개념이 없다면 경험적 개념의 반성적 산출도 불가능하다. 순수개념을 통해서 경험적 개념의 반성이 이루어진다. 하이데거에 따르면, 그래서 칸트에게 순수개념은 반성'된' 개념이 아니라 반성'하는' 개념, "반성의 본질구조를 함께 구성하는 표상들"(KPM, 55)이다.

12절 존재론적 술어들(범주들)로서 관념들

여러 순수개념은 상이한 표상들을 합일하는 여러 가능한 단위 내지 방식이다. 칸트에게 상이한 표상들의 합일이란 술어화 내지 판단과 동일시된다. 그래서 순수개념들은 사고의 형식이나 판단의 형식이라고도 불린다. 경험적 개념들이 감각과 더불어 경험적 인식을 이룬다면, 순수개념들은 순수감성과 더불어 순수인식, 곧 존재론적 인식을 이룬다. 그리고 경험적 개념들이 존재자에 대해 진술하는 술어들이라는 특성을 가진다면, 순수개념들은 존재자의 존재에 대해 진술하는 술어들, 곧 존재론적 술어들이라는 특성을 가진다. 아리스토텔레스 이래로 존재론적 술어들은 범주들이라고 불렸다. 그래서 상이한 표상들의 가능한 모든 합일 방식은 모든 가능한 판단 형식이고, 이는 다시 범주들 일체와 동일시된다. 그런 배경에서 칸트는 판단표에 착안하여 범주표를 제시한다. 칸트는 가능한 판단 형식의 전체 체계를 판단표로 정리하고, 판단표에 상응하게 합일의 가능한 방식 전체 체계를 범주표로 정리한다(A70/B95, A79f./B105f.).

판단표

1. 양	2. 질	3. 관계	4. 양상
전칭 판단	긍정 판단	정언 판단	미정 판단
특칭 판단	부정 판단	가언 판단	확정 판단
단칭 판단	무한 판단	선언 판단	필증 판단

범주표

1. 양	2. 질	3. 관계	4. 양상
전체성	실재성	실체와 우유	가능성
수다성	부정성	원인과 결과	현존성
단일성	제한성	상호성	필연성

그래서 흔히 칸트에게 판단표는 범주들의 기원이라고 여겨진다. 하이데거는 판단표로부터 범주표를 도출할 수 있는지, 그리고 판단표 자체가 정당한지에 대해 이제까지 많은 의혹이 제기되었음을 환기한다. 하이데거는 실제로 칸트가 지성의 본질을 탐구한 다음에 그로부터 가능한 판단 형식의 전체를 도출하지 않았음을 지적한다. 칸트는 양, 질, 관계, 양상이라는 네 주요 계기에 따라서 판단표의 완성본을 제시했을 뿐, 네 계기가 어떻게 지성의 본질에서 유래하는지는 밝힌 적 없다. 칸트는 아리스토텔레스가 범주들을 주먹구구식으로 제시했다고 비판했지만 칸트 자신의 판단표도 그것이 과연 완전한지, 또 정당한지에 대해 여러 의혹과 비판에 부딪혔다.

하지만 하이데거는 칸트의 판단표에 대한 종래의 비판 대열에 단순히 동참하기를 꺼린다. 종래의 비판은 기본적으로 칸트가 범주들을 판단표로부터 도출한다고 가정할 뿐만 아니라, 범주에 관한 문제의 핵심이 판단표와 범주표가 거론되는 부분에서 다뤄진다고 여긴다. 하지만 하이데거가 보기에 이러한 관점은 결정적 문제를 놓친다. 칸트가 판단표에 뒤이어 범주표를 제시했던 것은 사실이지만, 이것이 그가 범주들을 판단표로부터 '도출'했음을 의미할 필요는 없다. 판단표는 칸트 자신의 표현대로 "모든 지성개념 발견의 '실마리'"일 뿐이다. 하이데거에 따르면, 거기에서 칸트는 범주의 본질과 근원을 해명하려고 했던 것이 전혀 아니다. 판단표는 단지 제한된 기능만을 가진다. 즉 순수지성개념들의 통일적 체계 구상을 미리 개략적으로 보여 주는 역할을 맡을 뿐이다.

무엇보다도 종래의 비판은 감성과 지성을 별개로 분리시켜 고찰하는 식으로는 범주의 본질과 근원에 접근할 수 없음을 문제로 삼지 않는다. 범주, 곧 존재론적 술어의 문제는 순수직관과 무관하게 순수개념이라는 요소만을 고찰하는 식으로는 해명될 수 없다. 앞서 밝혀진 대로 인식에서 순수사고가 순수직관에 봉사하는 역할을 맡을 따름이라면, 순수개념은 순수직관과의 통일성에 따라서 파악될 때만 온전하게 이해될 수 있다. 즉 그때에만 존재론적 인식의 술어로서, 곧 범주로서 이해될 수 있다. 반대로 순수개념을 그저 지성의 관념으로만 간주하여 판단 형식에서 그 본질을 찾고자 한다면, 그것과 직관의 내적 연관은 제거되고 만다. 그래서 하이데거는 "관념으로서 순수개념이란 순수인식의 둘째 요소의 파편에 불과"(KPM, 57)하다고 밝힌다. 순수지성이 순수직관과의 연관성에 따라 고찰되지 않는다면, 범주의 기원도 밝혀질 수 없다.

하이데거의 섬세한 해석에 따르면, 칸트가 판단표에서 순수개념들의 체계를 위한 지침을 읽어 냈던 것은 사실이지만, 그것이 범주의 본질에 대한 해명을 제시한다고 여겼던 것은 아니다. 다만 그러면서도 그는 칸트의 판단표가 과연 그런 지침의 역할이나마 맡을 수 있는가의 문제에 대해서는 논쟁의 여지가 있다고 덧붙인다.

정초 2단계 순수인식의 본질 통일성

앞선 고찰에서는 순수인식의 요소가 보편적 순수직관으로서 시간 및 순수개념들로서 관념들이라고 해명되었다. 그러나 이미 언급한 바와 같이, 하이데거는 이렇게 요소들을 따로 따로 고찰하는 방식에는 근본적 결함이 있다고 본다. 사고가 직관에 의존하고 직관이 사고에 의한 규정을 필요로 하는 이상, 순수인식의 요소들은 본질적으로 서로 연관된다. 두 요소가 따로 먼저 존립하고 그 둘을 외면적으로 갖다 붙임으로써 비로소 인식의 통일이 성립하게 되는 것이 아니다. 오히려 반대로 통일성이 먼저다. 통일성이 두 요소의 근저에 놓인 채로 그로부터 각 요소가 발원한다. 범주의 본질 해명이란 이러한 통일성의 가능성을 규명하는 작업에 다름 아니다.

하이데거에 따르면, 칸트는 "순수지성개념들 또는 범주들"이라는 제목의 절에서 순수인식의 본질 통일성을 예비적으로 다룬다. 그래서 하이데거는 이 절을 집중적으로 해설한다. 동시에 전통 형이상학의 영향에 따라 칸트가 논리학의 우위를 받아들이고 있음을 비판적으로 고찰한다.

13절 순수인식의 본질 통일성에 대한 물음

하이데거는 순수인식의 본질 통일성에 대한 문제를 다루기에 앞서서, 그 문제의 의미와 요점을 해명하면서 복잡하게 얽힌 종합의 문제를 다룬다. 일단 그는 칸트가 실제로 요소들을 고립적으로 고찰하는 방식으로 탐구를 착수했기 때문에, 인식의 본질 통일성을 근원적으로 해명하는 데는 아무래도 한계가 있을 수밖에 없었다고 지적한다. 칸트에게서 그러한 고립화가 날카롭게 진행되었던 만큼, 그리고 특히 순수사고의 요소가 지나치게 두드러졌던 만큼, 아무리 이후에 통일적으로 접근하여 만회하려고 해도 애초의 고립화를 완전히 취소하기는 어려웠다는 뜻이다. 또한 그래서 칸트는 인식의 통일성을 그 최종 근원에서부터 명료하게 전개해 낼 수 없었다는 것이 하이데거의 평가다. 이는 물론 하이데거가 자기 철학의 견지에서 제시하는 비판적 관점이다.

순수인식의 통일성은 따로 존재하던 요소들이 우연히 만나 생겨난 결과가 아니다. 순수인식은 순수직관과 순수사고를 자신의 통일성 속에서 근원적으로 합일한다. 각 요소의 근원은 본래 바로 이러한 합일에 있다. 하이데거는 칸트가 '종합'이라는 용어를 얼마나 다의적으로 사용하는가를 조명함으로써 합일의 문제를 구체화한다.

하이데거는 이미 7절과 9절에서 인식에 다양한 종합이 겹

쳐 있음을 지적한 바 있다. 직관과 사고의 종합은 그로써 존재자가 존재자로서 개방된다는 점에서 진리적 종합이라고 불렸다. 진리적 종합에는 여러 표상을 하나의 개념으로 종합하는 술어적 종합이 속한다. 그리고 술어적 종합에는 주어와 술어를 결합하는 명제적 종합이 속한다.

그 가운데 순수인식의 통일성을 다루는 지금의 논의에서 핵심적으로 물어지는 것은 물론 진리적 종합이다. 순수직관과 순수사고의 종합으로서 순수 진리적 종합이 순수인식의 통일성에 대한 물음에서 물어진다. 하지만 그렇다고 해서 술어적 종합과 명제적 종합이 배제되는 것은 아니다. 이 두 종합은 진리적 종합에 포함되어 있다. 특히 술어적 종합이 그렇다.

순수 진리적 종합은 그 자체가 다시 두 합일 방식의 종합이다. 그것은 '순수직관에서의 합일인 개관Synopsis', 그리고 '순수사고에서의 합일인 순수 술어적 종합', 이렇게 두 합일 방식 간의 종합이다. 개관은 칸트가 『비판』에서 단 두 차례 사용하는 용어다.[14] 하이데거에 따르면, 그것은 순수한 시간 관

---

14 하이데거는 칸트의 용어 '개관'에 대해 A94를 전거로 드는데, 이는 A97에서 한 차

계들 또는 공간 관계들을 합일적 전체로 직관한다.[15] 순수직관은 그 자체로 이러한 개관이다. 그리고 순수개념들은 12절에서 해설한 바와 같이 존재론적 술어들이다. 여느 개념이 여러 표상을 자신 안에 합일하면서 특정한 존재자(대상)에 대한 술어로서 기능한다면, 순수개념은 그러한 합일을 선험적으로 이끄는 통일 단위로서 존재론적 술어로 기능한다. 이로써 결정적 문제는 순수 술어적 종합과 순수직관적 합일 사이의 종합 가능성으로 밝혀진다. 물론 여러 차례 강조한 대로, 이러한 종합은 독립적으로 기능하는 각 요소를 단순히 병합하는 것이 아니라, 그러한 합일에서 비로소 각 요소가 발원하는 그런 근원적 종합임이 항시 고려되어야만 한다.

14절 존재론적 종합

하이데거는 순수 진리적 종합에서의 합일을 두 이음매의 접합에 비유한다. 순수직관과 순수사고는 서로서로 딱 들어

레 더 등장한다.
15 GA 25, 266, 276 참조.

맞는 두 편의 이음매다. 하지만 종합은 단순히 기완성된 두 이음매를 나중에 꿰맞추는 것이 아니다. 언제나 통일성과 합일, 종합이 먼저다. 즉 합일적 통일성에서 비로소 서로에게 들어맞을 두 이음매가 자라나면서 형성된다. 이렇게 두 이음매를 형성하는 중심이자 원천은 곧 상상력으로 밝혀진다.

여기서 하이데거는 "순수지성개념 또는 범주에 대하여"의 많은 부분을 인용하면서 집중적으로 해설한다. 사실 칸트가 판단표로부터 범주표를 부당하게 '도출'한다는 비판이 제기되는 곳도 여기다. 하지만 하이데거는 이 절이 전혀 다른 의미에서 대단히 중요하다고 본다. 왜냐하면, 그에 따르면, 칸트는 이곳에서 처음으로 순수 요소들의 근원적 통일성을 제시하기 때문이다. 그래서 하이데거는 이 절을 "순수이성비판을 형이상학 정초로 이해하기 위한 열쇠"(KPM, 59)라고도 일컫는다.

하이데거의 해석에 따르면, 순수직관과 순수사고는 상호의존적으로 이음매를 형성한다. 순수직관은 순수한 시간 관계들을 순수사고에 내놓음으로써 그것들이 순수사고에서 규정될 수 있게끔 한다. 순수한 시간 관계들은 순수사고에서 관통되어 취합된다. 그것도 단순히 무작위적으로가 아니라 순수개념들이라는 통일 단위들에 따라서 합일된다. 순수직관과 순수사고는 이처럼 본질적으로 서로를 향하여 자신을 짜맞춘다. 하이데거에 따르면, 칸트는 이러한 활동을 일반적으로 '종합'이라고 부른다.

중요한 것은 그런 종합은 직관의 소관도 사고의 소관도 아니라는 점이다. 칸트에 따르면, "종합 일반은 … 상상력의 한갓된 작용결과Wirkung"(A78/B103)다. 하이데거는 이러한 진술에 따라서 종합은 직관과 사고를 매개하는 상상력의 소관이라고 주장한다. 순수직관과 순수사고는 상상력을 매개로 서로가 서로를 향하여 자신을 짜맞춘다. 이것이 순수종합이다. 그런데 앞서 말한 바와 같이, 순수직관은 그 자체로 이미 일종의 합일, 곧 개관이다. 그렇다면 순수종합은 순수직관에서의 개관 활동에 부합해야만 한다. 동시에 순수종합은 순수사고에서의 통일 단위를 미리부터 주목해야만 한다. 그리고 순수종합에는 이러한 통일 단위를 표상하는 활동이 이미 포함된다. 그래서 하이데거는 "순수종합은 순수직관에서 순수하게 개관하면서 동시에 순수사고에서 순수하게 반성하면서 활동한다"(KPM, 63)고 표현한다. 순수직관의 편에서의 개관과 순수 사고의 편에서의 순수반성을 그 근저에서부터 처음부터 서로 이어 주는 순수종합, 이를 상상력이 맡는다.

순수인식의 본질적 통일성은 삼중적 통일성이다. 거기서 상상력은 종합의 중심적 구조에 해당한다. 칸트는 실제로 "상 상력에 의한 이러한 여럿[순수한 직관의 여럿, 곧 순수시간 관계들]의 종합"(A78f./B104)을 순수인식을 구성하는 세 요소의 중간항으 로 언급한다. 물론 하이데거의 해석에 따르면, 이 중간항은 단순히 외면적으로 나열되는 항들 사이에서 중간에 위치한다 는 뜻일 수 없다. 순수직관의 고유한 합일 활동, 곧 개관, 그리 고 순수사고의 술어적 종합, 이 둘이 상상력의 매개 활동에서 비로소 서로를 향하여 서로에게 짜맞추는 식으로 일어난다.

이 단계에서 하이데거는 상상력의 매개 활동의 본질을 규 명하지 않는다. 이는 이후 단계에서 연역과 도식론에 대한 해 설을 통해 다루어진다. 이 단계에서는 둘의 종합 가능성이 상 상력에서 마련된다는 것을 확인하는 것으로 논의가 마무리 된다.

15절 범주문제 및 초월론적 논리학의 역할

하이데거는 정초의 다음 단계로 넘어가기에 앞서 잠시 "방법상의 숙고"(KPM, 65)를 거친다. 칸트에게 초월론적 논리학은 초월론적 감성론에 대해 우위를 점한다. 초월론적 감성론이 순수직관을 존재론적 인식의 첫째 요소로 다루었으니, 초월론적 논리학은 순수개념을 존재론적 인식의 둘째 요소로 다루는 것으로 그쳐야 합당할 것으로 보인다. 그렇다면 두 요소의 근원적 통일성에 대한 문제, 즉 순수종합의 가능성 문제는 초월론적 감성론에도 초월론적 논리학에도 배당할 수 없을 것이다. 하지만 칸트는 초월론적 논리학에서 그 모든 문제를 다뤘다. 하이데거는 인식에서 일차적인 것이 직관임에도 불구하고 칸트가 초월론적 감성론이 아니라 초월론적 논리학을 중심으로 순수인식에 관한 논의를 전개했다는 사실을 부각한다.

실제로 『비판』의 본론은 초월론적 논리학이 대부분을 차지하고 있다. 이러한 우위로 인해서 『비판』을 아예 순수인식의 논리학으로 단정하는 해석까지 횡행한다. 하지만 하이데거는 이러한 해석은 아주 잘못이라고 본다. 그러한 해석은 범주가 단순히 진술의 방식이 아니라 존재의 방식임을 놓친다. 범주는 단순히 순수인식의 판단적 요소, 곧 관념일 수 없다. 범주에는 "인식된 존재"(KPM, 66)가 담겨 있다. 바로 그래서 범주의 문제, 나아가 『비판』의 진짜 문제는 논리학이 아니라 존재론적 인식의 가능성이고, 더 구체적으로 두 요소의 본질 통일성, 즉 순수개념으로서 관념이 어떻게 순수직관의 성격을 가질 수 있는가이다.

하이데거는 일반형이상학을 정초하는 맥락에서 칸트가 초월론적 논리학에 우위를 부여하는 데는 나름 정당한 면이 있음을 인정한다. 칸트는 사고의 본질이 직관에 봉사하는 데 있음을 파악하고서 사고가 어떻게 직관에 연관될 수 있는가를 초월론적 논리학에서 해명하고자 했다. 칸트가 제기했던 물음은 '어떻게 순수사고가 순수직관과 내적으로 연관되는가'이다. 『비판』에서 초월론적 논리학이 거의 모든 지면을 차지하고 거의 모든 문제를 다루는 이유는, 칸트가 일차적으로 문제의 초점을 사고와 이성의 유한성에 놓고 그로부터 직관과의 연관성을 해명하려고 했기 때문이다. 따라서 이러한 측면에서 초월론적 논리학의 우위가 초월론적 감성론의 평가절하를

의미하는 것으로 여겨질 수 없음은 물론이다. 애초에 문제는 사고가 직관에 봉사함을 인정하는 데서 출발했기 때문이다.

하지만 하이데거가 보기에, 아무리 그래도 칸트가 순수인식의 통일성이라는 문제를 항상 사고라는 요소에서 출발하여 제기하는 데는 문제가 있다. 범주는 존재론적 인식의 통일성에서 핵심적이다. 하지만 범주는 항상 순수지성개념이라는 명칭하에 관념과 동일시되다시피 한다. 이는 그가 모든 문제를 사고의 편에서 풀어 가고 있음을 잘 보여 준다. 더욱이 칸트는 그처럼 사고 요소에서 출발하면서 사고에 관한 배경지식을 전통적인 형식 논리학에서 가져와 사실상 사고를 판단과 동일시한다.

이처럼 칸트가 존재론적 인식의 문제를 사고와 판단을 중심으로 제기한다는 사실에서 하이데거는 서구 철학의 역사 전체에 뿌리 깊이 새겨진 로고스의 우위를 본다. 일반형이상학, 곧 존재론의 정초 작업은 역사적으로 언제나 논리학에서 출발했다. 칸트에게도 그런 전통이 깊이 스며들어 있던 셈이다. 상상력에 지대한 중요성을 부여하는 하이데거는 그러한 전통에 대해 일정한 거리 두기가 필요함을 암시한다.

정초 3단계 존재론적 종합의 본질 통일성의 내적 가능성

앞선 단계에서 순수인식은 순수직관과 순수사고가 상상력에서 본질적 통일성을 이루는 가운데 성취됨을 확인했다. 이제 과제는 어떻게 그러한 합일이 가능할 수 있는가를 해명하는 것이다. 보편적 순수직관으로서 시간이 순수하게 사고된 것으로서 관념과 어떻게 합일을 이룰 수 있는지가 해명되어야만 한다.

하이데거는 바로 그러한 합일에서 존재론적 인식이, 또한 곧 초월이 이루어지기에 그러한 문제를 초월의 문제라고도 표현한다. 그리고 칸트가 "범주의 초월론적 연역"이라고 불렀던 절에서 다루었던 내용이 바로 이런 초월의 문제라고 본다. 3단계는 바로 이 연역의 해설이 주를 이룬다.

흔히 칸트의 '연역'은 법정 용어고, 그래서 범주의 적법성, 곧 그 객관적 정당성이나 논리적 타당성의 문제가 거기서 중심이라고 해석되곤 한다. 하지만 하이데거는 연역의 진짜 내용은 그것이 아니라고 본다. 그에 따르면, 정당성이나 타당성 문제를 실마리로 삼아 연역에 접근해서는 안 된다. 하이데거는 오히려 존재론적 인식의 통일성이라는 문제에 초점을 두고서 접근할 때 비로소 그 법률적 형식의 의미 또한 제대로 설명될 수 있다고 말한다. 그는 '연역'이라는 명칭을 둘러싼 문제를 18절에서 다시 다룬다.

연역의 해석에서 하이데거는 특이하게도 『비판』의 초판을 고수한다. 통상 제2판은 개정판으로서 이전 판본의 오류나 미비점을 개선한 판본이다. 그러니 제2판을 제쳐 두고 초판을 해석의 판본으로 삼는다면 특별한 이유가 있어야만 할 것이다. 하이데거가 보기에 지성과 논리의 우위는 제2판에서 더욱 두드러진다. 이는 결국 상상력을 내모는 결과를 초래한다. 하지만 하이데거에 따르면, 상상력이야말로 초월을 해명하는 순수종합의 중심이다. 그래서 그는 칸트의 그러한 수정이 논리학에 경도된 잘못된 선택이라고 여기고 초판을 중심으로 해석하는 것이다.

칸트는 여러 차례 연역의 어려움을 호소한다. 칸트에게 연역의 문제는 여러 가닥이 얽히고설킨 실뭉치와 같다. 하이데거는 이러한 어려움이 지성의 우위라는 선입견의 결과라고 본다. 그러한 선입견을 젖혀 두고 나면, 연역의 목표는 오직 하나이고 또한 아주 명료하다는 것이 하이데거의 주장이다.

물론 그 하나는 존재론적 인식의 가능성을 해명하는 것, 곧 "초월의 해명"(KMP, 76), 달리 말해서 "순수종합의 구조 전체의 분석적 해명"(KMP, 76)이다. 그래서 하이데거는 다른 여러 가닥을 제쳐 두고 그 근원적 문제에만 집중하여 해석할 것을 예고한다.

16절 초월론적 연역의 근본의도: 유한한 이성의 초월 해명

하이데거는 칸트의 초월철학을 존재론적 차이에 입각한 존재론의 정초로 해석한다. 하지만 칸트 자신은 존재자와 다른 존재를 언급한 바 없다. 칸트는 그 모두를 그저 '대상'이라고 표현한다.[16] 그는 다만 경험적 인식과 순수인식을 구별했을 뿐이다. 하이데거는 순수인식을 존재론적 인식으로 간주한다. 그러면서 존재론적 인식에서 인식되는 것을 존재로 간주하고, 이를 존재자와 구별한다. 칸트에게 순수인식, 또는 존재론적 인식은 존재자를 경험할 수 있기 위한 조건이다. 홍

---

16 하이데거는 칸트가 "초월론적 대상"(A109)이라고 일컫는 것이 자신의 존재에 상응한다고 본다. KPM, 25절 참조.

미롭게도 하이데거는 한번은 "존재론적" 인식 대신에 "선존재론적 인식"(KPM, 70)이라는 용어를 쓴다. 이는 아주 분명하게 하이데거가 『존재와 시간』에서 즐겨 썼던 용어 "선존재론적인 존재이해"를 연상케 한다.[17] 우리는 언제 어디에서나, 즉 존재론 탐구 이전에도 존재자를 마주한다. 이렇게 존재자가 존재자로서 우리에게 맞설 수 있도록 하는 조건이 "존재자의 존재 구성틀에 관한"(KPM, 70) 인식, 곧 (선)존재론적 인식이다.

　인간 이성은 자신이 아닌 존재자에 맞닥뜨리고 그에 둘러싸여 그에 의존한 채로 실존한다. 이것이 인간 이성의 유한성을 규정한다. 하지만 마주치고 둘러싸는 그 자신이 아닌 것은 어디에서나 존재자로서 개방된다. 존재론적 인식이란 마주치는 것이 존재자로서 "맞설 수 있도록 그리로 정향定向함"(KPM, 71)이다. 이것이 또한 초월의 본질구조를 형성한다. 초월이란 존재자를 대상으로서 경험하고 인식할 수 있는 "무대Spielraum"를 미리부터 형성하면서 그런 무대에 지속적으로 머무는 것

17　더 뒤로 가면 하이데거는 칸트에게서 대상성의 지평을 두고 아예 "존재이해"(KPM, 139)라는 표현까지 쓴다.

에 다름 아니다.

초월의 무대는 순수직관과 순수사고를 합일하는 순수종합에서 형성된다. 그래서 결국 순수종합의 가능성을 묻는 문제는 유한한 인간 이성의 초월을 묻는 문제로 밝혀진다. 어떻게 유한한 이성이 순수종합을 통해서 초월할 수 있는가에 대한 해명이 바로 연역의 과제다.

인식의 유한성은 인간의 직관이 존재자를 수용해야만 하는 처지라는 데서 성립한다. 그런데 존재자의 수용은 철학적으로 결코 자명하지 않다. 존재자를 수용하려면 존재자는 우리에 대해 "맞서 있는 것Gegenstehendes"으로서, 즉 대상Gegenstand으로서 자신을 드러낼 수 있어야만 한다. 그리고 다시 존재자가 우리에 대해 대상으로서 자신을 드러낼 수 있으려면, 우리가 비록 존재자를 "그 현존에 따라 산출하는 것은 아니더라도"(A92/B125), 우리 편에서 존재자가 맞설 수 있을 수 있도록 무언가를 맞세우지 않으면 안 된다. 그 무언가가 다시 존재자일 수 없음은 물론이다. 그런 뜻에서 하이데거는 그것을 아무것도 아닌 것 또는 무ein Nichts라고 일컫는다. 그것은 일종의 무이지만 그렇다고 해서 절대무nihil absolutum도 아닌 그런 것이다.

여기서 하이데거는 때로는 존재자를 맞서게 함^{Gegen-}stehenlassen을, 때로는 존재자가 맞설 수 있도록 다시 무언가 —곧 존재— 를 맞서게 함을 언급한다. 이러한 진술은 존재론적 차이를 고려할 때 혼란스러운 것이지만, 하이데거의 요점은 명확하다. 존재자가 우리에 대해 맞설 수 있으려면 존재자를 존재자로서 지탱하는 존재구성틀을 먼저 우리에 대해 맞세워야만 한다는 것이다. 이것이 "순수한 맞서게 함"(KPM, 73)이다. 존재자의 존재구성틀이 우리에 대해 맞서도록 함으로써 비로소 그 존재구성틀 속에서, 그리고 그에 근거하여 존재자가 우리에 대해 맞설 수 있다.

존재자를 수용하는 직관이 인식일 수 있으려면, 지성에 의한 규정이 필요하다. 지성은 자신에게 마주치는 모든 다양한 것이 일련의 합일 단위에 따라서 합치되도록 선험적으로 강제한다. 이러한 강제에 대상의 대상성의 근원이 놓인다. 대상이란, 우리가 임의대로 인식할 수 없는 어떤 강제성을 내재하는 것이다. 하이데거는 여기에서 "존재[즉 존재구성틀]의 선행적 저항성"(KPM, 73f.)을 언급한다. 이것이 존재자가 임의대로가 아니라 우리가 그에 따라야만 하는 그런 대상으로 맞설 수 있는 근거다.

지성의 순수개념들 전체는 일련의 통일 단위들이다. 그러한 통일 단위들 전체의 조직은 아마도 하이데거의 용어 "존재구성틀"에 해당할 것이다. 즉 존재구성틀로 인해서 존재자의 수용은 미리부터 어떤 저항을 받는다. 그런 저항 속에서 존재자는 대상으로서 경험된다. 존재자를 수용하는 직관이 마구잡이로 일어나지 않고 어떤 통일적 인식일 수 있도록 선험적으로 이끌어 주는 것, 그것이 존재구성틀 내지 순수지성의 통일성 지평이다. 그래서 하이데거는 순수지성을 "맞서도록 하는 능력"(KPM, 74)이라고도 부른다. 지성은 자신 앞에 통일성의 규칙을 세워 두고 그에 따라 직관의 다양을 합일한다. 그래서 칸트에게 지성은 또한 규칙의 능력이기도 하다.

그런데 이처럼 지성이 직관을 두루 규제하는 구속력을 발휘하여 존재자를 대상으로 정립한다면, 인식의 본질은 직관이요, 그래서 지성은 직관에 봉사할 뿐이라는 직관 우위 주장과 도무지 어울리지 않는 듯 보인다. 이러한 의문에 대해 하이데거는 지성은 여전히 직관에 봉사하며, 그 점에서 철저히 유한하다고 주장한다. 단지 순수지성이 존재자를 수용하는 직관, 곧 경험적 직관에 대해 주인과 같은 역할을 할 뿐이다.

17절 초월론적 연역의 두 길

하이데거는 연역을 순수종합의 전체 구조를 분석적으로 해명하는 작업이라고 해석한다. 그리고 이러한 해석을 위해 초판 연역의 제3편(A115-128)을 집중적으로 주해한다. 제3편의 제목은 "대상 일반에 대한 지성의 관계 및 대상 일반을 선험적으로 인식할 가능성에 대하여"다. 하이데거는 칸트에게 존재론적 인식의 문제가 곧 초월의 해명임이 이 제목에서 단적으로 표명된다고 본다. 하이데거에 따르면, 존재자 일반에 대한 우리의 관계가 곧 초월이고, 그것의 선험적 인식이란 곧 존재론적 인식이기 때문이다.

존재자가 대상으로서 우리에게 맞설 수 있을 무대는 단순히 텅 빈 공간이 아니다. 그것은 지성의 "통일성 지평"이면서 동시에 순수직관의 "시간 지평"이다. 하이데거에 따르면, "순수직관과 순수지성의 선험적으로 통합적인 전체가 온갖 존재자가 마주칠 수 있을 맞서게-함의 무대를 '형성'한다."(KPM,

77) 존재자는 순수직관 속에 견지된 시간 지평에 의해 미리부터 포괄됨과 더불어 순수지성에 의해 선험적으로 합일을 이끄는 통일 단위에 따라 선취되는 것이다.

이처럼 순수지성의 통일성 지평과 순수직관의 시간 지평의 내적 합일에서 존재자가 존재자로서 개방되는 초월이 성사되는데, 초월의 해명으로서 연역은 그 둘의 내적 연관성을 해명한다. 하이데거에 따르면, 칸트는 이를 위해 두 길을 제시한다. 즉 A116-120에 해당하는 첫째 길에서는 순수지성에서 시간으로 내려가면서, 그리고 A120-128에 해당하는 둘째 길에서는 반대로 직관에서 순수지성으로 올라가면서 순수종합을 해명한다.

하지만 첫째 길에 대한 주해의 말미에서 하이데거가 스스로 언급하듯이, 칸트는 적어도 표면적으로는 두 길 어디에서도 시간을 주제적으로 다루지 않는다. 논의는 주로 순수지성, 곧 초월론적 통각과 상상력의 연관성을 중심으로 전개된다. 그런데도 하이데거는 칸트가 연역에 착수하기 앞서 이후의 모든 연역을 위한 토대로서 제시한 "일반적 주해"(A99)에서 시간이 모든 결합이나 관계에 깔려 있음이 기본적으로 항상 고려되어야만 한다고 언급했던 부분을 특별히 강조한다. 즉 굳이 시간이 언급되지 않더라도 시간이 항상 고려되어야만 함을 칸트가 기정사실화한다는 뜻이다.

첫째 길에서 칸트는 초월론적 통각으로부터 논의를 출발한다. 초월론적 통각은 온갖 경험에서 대상의 통일성을 가능하게 만드는 선험적 자기의식이다. 순수지성으로서 초월론적 통각은 종합을 이끄는 여러 통일 단위를 표상함으로써 대상의 통일성 및 대상의 통일적 경험을 가능하게 한다. 여기서 그 통일 단위의 표상 —곧 순수개념— 은 부단히 자신을 하나의 동일한 의식 속에서 의식해야만 한다. 즉 표상하는 의식은 자신을 자기동일적이고 통일적으로 의식해야만 한다. 이러한 자기의식이 초월론적 통각이다. 경험적 의식의 근저에서 모든 다양한 표상을 일정한 방식으로 종합할 수 있도록 하는 통일 단위를 제공하면서 그런 모든 종합 활동을 관통하여 자기동일적으로 머무는 의식이 바로 초월론적 통각이다.

초월론적 통각에 대한 하이데거의 해석은 자신이 앞서 '존재의 저항성격'이라고 일컬었던 것으로부터 시작한다. "[존재자의] 맞섬을 가능하게 하는 '거스름'의 성격"(KPM, 78)은 의식이 자신 앞에 구속력을 갖는 통일 단위를 세워 두고 견지하는 데서 비롯한다. 지성은 통일성 지평을 자기 앞에 둠으로써 거기에서 존재자가 우리에 대해 맞서게 한다. 순수지성개념, 곧 통일 단위의 표상은 그 통일 단위에 자신을 구속시킨다. 그 표상은 또한 자신이 그렇게 구속됨을 스스로 의식한다. 그렇지 않다면 '저항성격'이 전달될 수도 없을 것이다. 즉 통일 단위의 표상은 자기의식에서 성립한다. 요컨대, 순수지성은 "통일 단위의 순수한 표상 활동에서 자신을 관철하는 동일자"(KPM, 78)로서 초월론적 통각이다.

칸트는 초월론적 통각에서 표상된 통일 단위가 종합을 "전제 또는 포함"(A118)한다고 진술한다. 사실 '전제'와 '포함'은 전혀 다른 말이다. A가 B를 전제한다면, B는 어떤 의미에서든 A보다 앞서야만 한다. '전제'에 초점을 둔다면, 그 진술은 여러 표상을 통일시키는 단위보다 그 단위로 통일될 수 있게끔 모아들이는 종합 활동이 앞선다는 뜻이다. 반대로 A가 B를 포함한다면, B는 A의 부속 기능으로 전락할 우려가 있다. 이때 그 진술은 지성의 통일 단위 표상 활동이 상상력의 종합 활동을 자신의 부분으로 지닌다는 뜻이 된다. 하이데거는 여기서 칸트의 동요를 읽는다. 그에 따르면, 칸트는 통일 단위와 종합 또는 지성과 상상력의 관계에 대해서 불분명한 태도를 취한다. 상상력의 우위를 주장하는 하이데거는 '전제'에 방점을 두어 해석하거나, 최소한 둘의 본질적 연관성을 강조하는 경향을 보인다. 반면에 재판의 칸트는 상상력을 지성의 한 기능으로 흡수시키려는 경향을 보인다.

하이데거는 칸트의 동요에도 불구하고 칸트에게 지성의 통일 단위가 "아직 합일되어 있지 않은 것을 합일하려는 본질적 경향성"(KPM, 79)을 지닌다는 점은 분명하다고 본다. 통각에서 통일 단위의 표상은 그 단위로 합일하려는 종합 활동과 내적으로 연관될 수밖에 없다.

종합 활동은 상상력의 소관이다. 그러므로 초월론적 통각은 상상력의 순수종합과 본질적으로 연관된다. 본래 상상력이란 마음이 하나의 현상에서 다음 현상으로 넘어가더라도 지나간 현상을 '재생산'하여 지금의 현상과 더불어 간직하는 능력이다. 칸트는 이러한 능력을 재생산적 상상력이라고 부른다. 재생산적 상상력은 경험적으로 주어진 현상들을 종합하여 하나의 상으로 가져온다. 하지만 상상력은 또한 선험적으로 도식을 형성한다는 의미에서 순수하게 생산적일 수도 있다. 이러한 순수 생산적 상상력을 칸트는 초월론적 상상력이라고 부른다.

칸트는 "통각 앞에서의 상상력의 순수종합"(A118)을 언급한다. 하이데거는 여기서 '앞에서vor'가 어떤 의미일지를 섬세하게 해석한다. 그에 따르면 '상상력이 통각 '앞에' 놓인다'는 진술에 대해 가능한 해석은 두 가지 있는데, 그 둘은 서로 배타적이지 않다. 우선 순수인식의 가능성을 정당화하는 질서에서 초월론적 통각보다 상상력의 종합이 우선이라는 뜻일수 있다. 하이데거는 이것이 '통일 단위가 종합을 전제한다'는 진술과 상통한다고 본다. 다음으로 통각의 '눈앞에서' 상상력의 합일 활동이 이루어진다는 뜻일 수 있다. 즉 통일 단위를 표상하는 의식은 상상력에 의한 합일 활동을 자신의 시선 앞에 둔다는 것이다. 두 해석에서 요점은 상상력의 우위, 또는 상상력과 지성 활동의 본질적 연관성이다. 여러 표상이 합일될 수 있을 통일 단위를 표상하는 의식은 그것들을 그 통일 단위로 합일하는 활동이기도 할 수밖에 없다. 지성의 통일 단위 표상과 상상력의 종합 활동은 각각 별개로 수행될 수 없다.

초월론적 상상력에 의해 합일되어야 하는 표상들은 경험적으로가 아니라 선험적으로 주어져야만 한다. 따라서 칸트가 비록 여기서 시간을 따로 명시하지 않더라도, 초월론적 상상력은 본질적으로 순수직관으로서 시간과 연관되지 않을 수 없다. 상상력에 의해 합일되어야 할 선험적으로 주어지는 표상들이란 연속하는 '지금'들에 다름 아니기 때문이다. 따라서 초월론적 상상력의 순수종합은 초월론적 통각과 시간을 서로 매개할 수밖에 없다. 하지만 이것이 어떻게 그러한가에 대한 더 상세한 해설은 도식 절에 대한 주해로까지 미뤄진다.

연역의 둘째 길 시작부에서 칸트는 이제 "아래에서 위로"(A119f.) 논의를 진행하겠다고 선언한다. 하지만 여기서도 순수직관은 언급되지 않는다. 대신에 칸트는 우리에게 주어지는 최초의 것인 현상에서 출발하여 순수 상상력을 지나쳐 결국 다시 순수통각에 이른다. 감관에 의해 잡다한 현상이 주어질 때, 그것들은 개별적으로 산재한다. 감관에는 그것들을 일정하게 서로 결합하는 능력이 없다. 하지만 인식에서 그 현상들은 대상으로서 일정하게 결합되어 있다. 이렇게 대상이 결합 속에서 경험되려면, 결합과 같은 것이 어떻게든 미리부터 표상되어야만 한다. 즉 결합이나 관계와 같은 것을 표상하고 형성해야만 한다. 이는 감관이 아니라 합일과 종합의 능력인 순수 상상력의 소관이다.

칸트의 진술만 놓고 보면, 연역의 둘째 길에서도 시간은 별 역할을 하지 않는 듯하다. 하지만 애당초 현상들의 결합과 같은 것이 형성될 수 있는 지평이란 오로지 순수 보편적 직관으로서 시간뿐이다. 칸트는 앞서 언급했던 "일반적 주해"(A99)에서 "마음의 변양들"로서 표상들은 내감 형식인 시간에 종속되어야 하며, 표상들이 배열되고 결합되며 관계 속으로 가져와지는 것은 모두 시간 속에서임을 밝힌다. 결합이나 관계 일반을 미리 표상하고 형성하는 것은 순수 상상력이지만, 그러한 결합이 형성되는 지평은 순수 보편적 직관, 곧 시간이다. 그러므로 순수 상상력의 활동은 본질적으로 시간 지평에 연관된다.

존재자는 시간과 연관된 순수 상상력의 활동에 의거하여 결합 속에서 나타날 수 있다. 하지만 그러려면 순수 상상력의 합일 활동은 표상들을 마구잡이로 결합하는 것이 아니라 특정한 관계들을 일련의 규칙에 따라서 형성해야만 한다. 즉

"규칙을 부과하는 결속의 지평"(KPM, 83)을 마련해야만 한다. 여기에서 순수 상상력은 이미 순수지성과 내적으로 연관된다. 순수 상상력의 합일 활동에는 통일 단위를 표상하는 의식이 초월론적 통각으로서 동반되지 않으면 안 된다.

이렇게 순수 상상력은 다시 한번 한편으로는 시간과, 다른 한편으로는 순수사고와 내적으로 연관되면서, 양자를 매개하는 중간항으로서 드러난다. 이렇게 연역의 과제, 곧 순수인식의 본질적 통일성의 내적 가능성 해명은 순수종합의 매개자인 상상력을 중심으로 이루어진다. 하이데거는 여기서 지성의 우위가 포기된다고 본다. 순수사고는 오히려 상상력의 순수종합에 근거를 두어야만 한다. 순수인식은 상상력을 통해 순수사고와 시간을 종합하면서 비로소 "대상성 일반의 지평"(KPM, 83)을 개방한다. 그 지평은 우리에게 수용되는 것이 대상으로서 우리에게 맞설 수 있는 무대다. 거기서 비로소 어떤 것이 존재하거나 존재하지 않거나, 또 이것이거나 이것이지 않거나 할 수 있다. 하이데거는 바로 그 점에서 순수인식은 존재자에 관한 인식이 아니라 모든 존재자의 존재에 관한 인식으로서 존재론적 인식이라고 역설한다.

18절 초월론적 연역의 외적 형식

이제까지의 논의에 따르면, 연역의 핵심은 초월의 해명, 즉 어떻게 순수사고와 순수직관의 순수종합이 존재자를 대상으로서 맞서게 할 수 있는가의 해명이었다. 이로부터 순수지성개념으로서 범주가 상상력의 매개로 시간과 연관되어 존재론적 인식을 구성한다는 것 또한 확인되었다. 이제 하이데거는 정초 3단계를 시작하면서 답변을 유보했던 물음을 다시 던진다. 어째서 칸트는 이러한 논의에 '연역'이라는 제목을 붙였단 말인가?

데카르트는 철학적 논리학의 의미에서 '연역'을 직관과 구별하였다. 그는 직관과 연역을 각각 공리와 추론의 의미로 사용하였다.[18] 하지만 칸트는 이런 철학적 전통의 의미가 아니라 전적으로 법률적 의미에서 연역이라는 용어를 쓴다. 법적 소송은 권한을 인정하고 월권을 물리치는 절차다. 이 과정에서 관건은 두 가지다. 하나는 사실관계 문제quid facti고, 다른 하나는 어떤 권한을 요구 주장하기에 정당한 권리를 지니는가

---

18 이에 대한 하이데거의 언급으로 GA 25, 306 참조.

의 문제, 곧 권리 문제quid juris다. 법률가들은 후자의 문제, 곧 어떤 권한의 요구가 정당한 권리임을 입증하는 것을 '연역'이라고 부른다. 칸트는 이러한 의미를 차용하여 '초월론적 연역'라는 용어를 쓴다.

하이데거의 해석에 따르면, 칸트는 전승된 형이상학의 독단적 주장으로 인해 법률적 의미에서 연역을 언급하게 되었다. 전승된 특수형이상학은 순수개념들을 사용하여 초감성적 존재자의 인식을 주장한다. 문제는 그때 그러한 존재자에 대한 순수개념의 사용이 인식적 정당성을 갖는지가 입증되지 않았다는 것이다. 그래서 이러한 인식 주장에 대해 그것은 월권이 아닌지 소송이 걸린다. 소송은 "순수개념이 대상과 선험적으로 관계할 수 있는 가능성을 입증"(KPM, 86)하라고 요구한다.

반면에 『비판』을 인식이론적으로 파악하는 해석에 따르면, 칸트가 연역의 문제를 거론하는 이유는 다른 데 있다. 순수개념은 관념으로서 지성에 내재한다. 그럼에도 순수개념은 범주로서 대상을 경험하기 위한 조건이어야만 한다. 즉 순수개념은 그 주관성에도 불구하고 객관적으로 타당해야만 한다.[19] 실제로 칸트는 "어떻게 사고의 주관적 조건들이 객관적 타당성을 가지는가"(A89/B122)를 묻는다. 따라서 칸트에게 연역이란 순수지성개념이 어떻게 객관적으로 타당할 수 있는가를 입증하는 문제, 나아가 어떻게 판단의 논리적 타당성을 보증할 수 있는가의 문제다.[20]

하지만 하이데거의 견지에서 보면, 이러한 해석은 연역의 핵심을 완전히 놓친 셈이다. 범주의 객관적 실재성은 범주의 본질을 해명하기만 하면 저절로 입증된다. 범주는 단순히 지성이라는 요소에 내재하는 관념이 아니라, 순수 상상력을 통해서 본질적으로 시간에 연관된 순수개념이다. 범주는 시간 지평과 더불어 대상이 대상으로서 맞설 수 있는 무대, 곧 대상성의 지평을 형성한다. 즉 범주는 존재론적 초월의 본질구조에 속하며, 존재론적 인식을 구성한다. 범주의 본질이 이렇게 파악된다면, 범주가 객관적으로 타당한가와 같은 물음은 제기될 여지가 없다. 즉 범주가 어떻게 대상에 적용될 수 있는

---

19 GA 25, 309 이하 참조.

20 여기서 하이데거는 특히 신칸트학파의 해석을 염두에 둔 것으로 보인다. GA 25, 213 참조.

지를 물을 필요가 없다. 애초에 범주를 기초로 해서만 좌우간 대상과 같은 것이 비로소 맞세워질 수 있기 때문이다.

칸트가 연역을 거론하는 이유가 하이데거의 해석에 따라서 전승된 특수형이상학의 정당성 문제에서 비롯된다면, 연역에서는 또한 순수개념의 적법한 사용 범위가 규정되어야만 한다. '연역'의 결론에 따르면, 순수지성개념들은 "경험적으로 접근 가능한 존재자를 선험적으로 규정"하는 한에서 존재론적 술어다. 이로부터 "동시에 이 개념들의 '사용' 조건도 확정"(KPM, 109)된다. 즉 소송에 대한 칸트의 답변은 순수지성개념들을 감성적 대상들에 대해 적용하는 것은 적법하나, 초감성적 대상들에 적용하는 것은 월권이라는 것이다.

하이데거의 해석에서 요점은 '연역'의 핵심이 초월과 형이상학 정초의 문제에 있다는 것이다. 물론 그는 칸트가 '범주의 객관적 타당성'과 같은 표현을 자주 사용한다는 사실을 알고 있다. 하지만 하이데거는 이를 칸트가 지성과 논리의 전통적 우위로부터 자유롭지 못했던 탓이라고 일축한다. 그에 따르면, '연역'에서 가장 중요한 칸트의 통찰은 순수종합, 곧 존재론적 인식의 가능성 해명이다. 다만 그 통찰은 존재론에

미쳤던 논리학의 전통적 영향으로 인해 때때로 흐려지고 말았다.[21]

범주의 문제란 결국 존재론적 인식의 통일성 속에서 존재자의 존재가 어떻게 개방될 수 있는가다. 여기서 소송의 형식은 불필요하다. 하이데거는 칸트에게서 범주의 문제는 오히려 유한한 인간 이성의 존재구성틀이 어떠하기에 그것이 초월에 이를 수 있는가의 문제로 표출된다고 본다. 그래서 『비판』을 현상학적으로 해석하는 하이데거는 칸트의 작업을 "주체의 주체성의 순수 현상학"(KPM, 87)이라고 일컫는다.

정초 4단계 존재론적 인식의 내적 가능성의 근거

연역 절의 주해를 통해 존재론적 인식의 통일성이 상상력의 매개를 통해 가능함이 해명되었다. 하지만 하이데거는 거기서 초월의 문제가 다 해명된 것은 아니었다고 한다. 그곳의 논의는 칸트의 논리학적 문제 설정에 따라 지성에 초점을 둔 채로 순수통각으로서 지성이 순수 상상력과 어떻게 내적으로

---

21 GA 25, 213 참조.

연관되는지가 밝혀졌을 뿐이다. 하지만 인식이 일차적으로 직관이며, 직관이 수용적인 한에서, 지성을 중심으로 설명된 대상성의 지평이 어떻게 또한 존재자를 수용하는 지평으로서 직관과 연관되는지가 설명되어야만 한다. 또한 순수 상상력 및 순수지성이 순수직관과 어떻게 연관되는지가 해명되어야만 한다.

하이데거는 이러한 해명이 "순수지성개념들의 도식화" (A137-147, B176-187)에서 최종적으로 다루어진다고 본다. 도식화는 상상력이 순수지성의 통일성 규칙을 순수직관으로, 곧 보편적 시간 직관으로 들여오는 방식이다. 여기에서 초월과 존재론적 인식의 온전한 해명이 이루어진다. 즉 형이상학 정초가 완성되는 것이다. 그래서 하이데거는 11쪽에 불과한 이 부분이 『비판』 전체의 핵심이라고 본다. 4단계의 제목에서 '근거'는 결국 "초월론적 도식화"(KPM, 113)를 가리킨다.

19절 초월과 감성화

유한한 우리의 인식은 수용적이다. 이미 존재하는 것이 우리에게 자신을 제공해야만 인식이 가능해진다. 그런데 존재자가 자신을 제공할 수 있으려면, 그것이 대상으로서 드러날 지평 자체가 미리부터 수용적 성격을 지녀야만 한다. 즉 대상성의 지평이 직관과 내적으로 연관되어야만 한다. 달리 말해서, 대상성 그 자체가 직관적 성격을 지녀야만 한다. 이는 어떤 의미에서 지성이 직관에 근거를 두어야만 함을 뜻한다. 어떤 식으로든 직관은 지성을 지탱하고 이끄는 근거여야만 한다. 하이데거의 해석에 따르면, 도식 절의 목표는 바로 이를 해명하는 것이다.

순수지성이 순수직관에 근거를 두도록 양자를 매개하는 중심은 순수 상상력이다. 순수 상상력은 순수 '상'과 같은 것 —곧 초월론적 시간규정으로서 도식— 을 선험적으로 마련함으로써 유한한 지성의 대상적 지평을 직관적으로 만든다. 유한한 직관이란 곧 감성이므로, 순수 상상력을 통해 지평이 감성화된다고도 표현할 수 있다.

하지만 이는 순수지성이 먼저 대상성의 지평을 만들고 난 다음에 순수 상상력이 그것을 다시 감성화한다는 뜻은 아니다. 하이데거의 표현에 따르면, "초월의 지평은 오직 감성화 속에서만 형성될 수 있다."(KPM, 91) 순수지성의 편에서 고찰하면, 대상성의 지평은 합일의 규칙을 세우는 통일 단위들의 표상들, 곧 순수지성개념들로 채워진다. 하지만 그 개념들이 이미 감성화되어 있지 않다면, 그것들은 존재자를 수용하는 초월의 지평과 아무런 관련도 없게 된다. 즉 순수지성개념들의 감성화에서 비로소 지평은 초월의 지평일 수 있다.

여기서 감성화는 물론 순수감성화일 수밖에 없다. 그러니 순수 상상력에 의한 감성화는 눈으로 보이는 그림과 같은 상을 형성하는 것일 수 없다. 그것은 도식Schema, 그것도 순수도식을 형성한다. 순수 상상력에서 형성된 순수도식은 순수감성에서 수용된다. 순수감성은 경험적 감성과 달리, 존재자나 존재자의 상을 수용하지 않는다. 그럼에도 모종의 상을 선험적으로 수용함으로써 비로소 존재자의 수용이 이루어질 수 있도록 해 준다. 그러한 '상'의 정체를 규명하는 것이 이후의 과제다.

20절 상과 도식

일반적으로 무언가의 감성화란 그것의 상을 마련함으로써 그것을 직관적으로 만드는 것이다. 하이데거는 순수지성개념들의 감성화를 설명하기에 앞서서 일반적으로 감성화나 상이란 무엇인지를 해설한다. 여기서 그는 상Bild의 의미 세 가지를 구별한다. 하이데거는 칸트에게서 이 세 용법이 뚜렷하게 구별되지 않은 채로 사용된다고 지적한다. 상의 의미 세 가지에 대한 하이데거의 구별은 무척 섬세하고 흥미롭다.

우선 상은 눈앞에 현전하는 특정한 존재자의 직접적인 모습Anblick이다. 사진이나 그림을 매개해서가 아니라 직접 드러난 개별자를 직관할 때 그 개별자가 드러낸 모습, 이것이 상의 우선적 의미다. (정원의) 나무, (길가의) 강아지, (언덕의) 풍경 등에서 우리는 그 각각의 모습을 본다. 그런 모습들은 넓은 의미에서 '상'이라고 불린다. 경험적인 직관에서 우리는 개별자의 모습(상)을 본다.

다음으로 이러한 일차적 의미에서 상으로 드러나는 존재자를 모사하는 그림, 본뜬 형상, 복제하는 사진 따위는 모두 이차적인 의미에서 상이다. 이러한 상은 간접적으로 존재자를 드러낸다. '상'이라는 표현은 실제로 주로 이런 의미로 쓰인다. 이러한 의미에서 상을 재차 재현하는 상의 경우도 빈번하다. 어떤 인물의 얼굴 모습(일차적 의미의 상)을 본뜬 조각상(이차적 의미의 상)을 다시 카메라로 찍는다면, 그렇게 나온 사진 역시 그 얼굴 모습이 어떠했는지를 간접적으로 드러낸다. 그런 점에서 그 사진도 이차적 의미에서 상이다. 한편으로 우리는 한 장의 그림이나 사진을 그 안의 원본적 상을 지시하는 것으로서가 아니라 그저 그 자체로 볼 때도 있다. 이를테면 눈앞에 있는 사진이 일정한 크기와 질감을 지닌 개별적 사물로서 직접 모습을 내보일 때가 그렇다. 이때 사진의 모습은 일차적 의미의 상에 해당한다.

이하의 논의에서 중요한 것은 세 번째 의미의 상이다. 저기 한 채의 집이 있다. 그 집을 지각한다는 것은 일단 그 집의 모습(일차적 의미의 상)을 본다는 뜻이다. 그런데 그 지각된 집의 모습은 또한 일반적으로 집이라고 하는 것이 어떠한 모습인지도 드러낸다. 우리가 무언가를 보면서 그것을 집이라고 지각한다는 것은, 아무튼 집이라고 하는 것이 바로 저와 같은 형태일 수 있음을 안다는 뜻이다. 어떤 인물의 조각상을 볼 때도 우리는 주로 거기서 모사된 특정한 개인의 모습을 보지만, 그 조각상은 또한 일반적으로 조각상이라고 하는 것이 어떤 모습인가도 알려 준다. 사진도 마찬가지다. 한 장의 사진은 사진에 찍힌 것뿐만 아니라 사진이란 일반적으로 어떠한 것인지도 함께 보여 준다. 즉 일차적 의미의 상은 또한 동시에 세 번째 의미의 상을, 곧 "어떤 것 일반의 모습"(KPM, 93)을 제공한다.

한 채의 집이, 하나의 조각상이, 한 장의 사진이 각각 그 특정한 집의, 조각상의, 사진의 모습에서 또한 동시에 '아무튼 집이라고 하는 것이 어떤 건지', '아무튼 조각이라고 하는 것이 어떤 건지', '사진 일반이란 어떠한 건지'를 드러낸다. 그런데 이는 개념을 표상하는 방식이다. 집이, 조각이, 사진이 '일반적으로' 어떠한가를 표상하는 방식, 곧 여러 집에, 여러 조각에, 여러 사진에 대해서 타당한 '하나'를 표상하는 방식을 칸트는 개념적 표상이라고 부른다. 그렇다면 결국 한 채의 집이 그 집의 모습에서 그 특정한 모습과 더불어 동시에 집 일반의 모습을 보여 준다는 것은 그 개별적 모습이 바로 개념을 감성화하는 역할을 한다는 뜻이다.

여기서 개념을 감성화한다는 것은 마치 한 채의 집에 대한 경험적 직관에서 그 집의 특정한 모습을 직접 보듯이 그렇게 하나의 개념에 대하여 직접적인 모습을 만들어 내는 것일 수 없다. 개념의 직접적 모습이란 어불성설이다. 개념은 일반적 표상이므로 오로지 개별자에만 가능한 직접적 모습(곧 일차적 의미의 상)을 가질 수 없다. 그러니 개념을 감성화한다는 것이 개념을 모사하거나 모방한다는 뜻일 수도 없다. 왜냐하면 모사나 모방은 본래 개별자의 직접적 모습에 대한 이차적 상이기 때문이다. 개념에 대한 직접적 모습이 불가능하다면, 그에 대한 간접적 모습, 곧 이차적 상도 불가능하다.

따라서 개념의 감성화란, 개념을 일차적 의미의 상이나 이차적 의미의 상으로 가져오는 것일 수 없다. 그렇지만 일차적 의미의 상이나 이차적 의미의 상은 개념의 감성화에 관여한다. 즉 한 채의 집을 지각할 때, 또는 그 집의 사진을 볼 때, 그모습은 집이라고 하는 것이 일반적으로 어떠한 건지도 함께 드러낸다. 달리 말해서, 그 개별적 모습이 우리가 집이라는 개념에서 표상하는 바를 가시화한다. 개별적 집의 모습이 집의 개념을 직관으로 가져오다시피 한다.

이때 우리는 집이라고 하는 것이 꼭 그 지각된 대로의 특정한 모습일 필요가 없음을 또한 안다. 특정한 집의 모습은 집이라고 하는 것이 취할 수 있는 가능한 모습 가운데 하나일 뿐이다. 한 채의 집은 이 모습일 수도, 저 모습일 수도 있다. 하지만 무언가가 좌우간 집이기 위해서는, 그것은 그래도 가능한 모습들의 일정한 범위 내에 들어와야만 한다. 따라서 어떤 것이 집일 수 있기 위해서, 곧 집으로서의 모습을 내놓을 수 있기 위해서 어떤 모습을 갖춰야만 하는가를 지시하는 규칙이 한 채의 집을 집으로서 지각할 때 비주제적으로 함께 표상된다. 한 채의 집을 지각하면서 집의 가능한 모습 일반을 지시하는 규칙이 어떻게든 함께 표상된다. 기실 어떤 것을 집으로서 지각할 수 있도록 하는 근거가 바로 집 개념의 감성화다.[22]

하이데거는 개념의 감성화에서 규칙의 표상이란 가령 집에서 발견되는 특질들을 모아 놓은 목록을 수립하는 것과 같은 기계적 절차가 아님을 강조한다. 규칙의 표상은 단순히 어떤 것이 집일 수 있기 위한 일련의 조건들을 하나하나 나열하여 목록화하는 것이 아니다. 그것은 이러한 단순한 계산적 사고를 훌쩍 넘어선다. 하이데거의 해석에 따르면, 규칙의 표상

---

22 이를 하이데거는 다음 절 말미에서 해명한다.

이란 '집'과 같은 것에서 의미되는 바의 전체를 "탁월하게 그려 내는 것"(KPM, 95)이다.

집이라는 개념은 가능한 집의 모습의 범위를 미리 한정한다. X의 개념은 어떤 것이 X로서 나타날 수 있는 방식 전체를 미리 지시하는 규칙으로서 기능한다. 이러한 현시 가능성과의 연관에서 개념은 본래 이미 감성화되어 있다. 하이데거에 따르면, 이처럼 경험적으로 직관될 수 있는 모습들을 지시하는 규칙으로서 기능하는 표상이 본래의 개념(적 표상)이다. 물론 앞선 논의에서 개념은 종종 일반적 표상이나 여럿에 대해 타당한 통일성의 표상과 동일시되었다. 하지만 그것은 "단지 개념의 한 단절된 요소"(KPM, 96)에 불과하다. 개념의 본질에 속하는 현시 가능성과의 연관성을 잘라 내고 남는 요소가 순전한 일반자다. 그러한 설명에서는 개념에 핵심적인 감성화의 규칙이 은폐되고 만다. 하이데거의 현상학적 견지에서 보면, 칸트가 개념을 그처럼 설명했을 때, 그는 전통적인 논리학의 우위로 잠시 잘못 빠져들었던 셈이다.

가능한 모습의 범위를 통일적으로 지시하는 규칙으로 기능함으로써 개념은 감성화된다. 이는 다시 상상력, 곧 '상'을 마련하는 능력에 의거한다. 집 개념의 감성화에는 어떤 것이 좌우간 집일 수 있기 위해서는 어떤 모습이어야 하는가를 지시하는 규칙의 표상이 포함된다. 여기서 도대체 집이라고 하는 것이 어떻게 보이는지를 그려 내는 활동은 상상력의 소관이다. 칸트는 이렇게 "하나의 개념에 그것의 상을 마련하는 상상력의 일반적 절차의 표상"(A140/B179f.)을 도식Schema이라고 부른다. 그리고 이러한 개념의 감성화, 곧 도식 형성을 도식화Schematismus라고 부른다. 도식에는 특유한 상으로서의 성격이 있다. 하이데거는 이를 도식-상이라고 부른다.[23]

21절 도식과 도식-상

이제 과제는 도식과 도식-상을 더욱 상세히 해명하는 것, 정확히는 직접 표상된 존재자의 모습이 어떤 의미에서 개념의 '상'일 수 있는가를 해명하는 것이다. 칸트는 개 개념과 같은 경험적으로 감성적인 개념, 그리고 삼각형이나 수 개념과 같은 순수하게 감성적인, 곧 수학적인 개념, 두 경우에서의 도

---

23 이는 칸트는 사용하지 않는 용어다.

식화를 분석한다. 이는 이후에 전개될 핵심 주제, 곧 순수지성개념의 도식화를 설명하기 위한 발판을 마련한다.

칸트는 개별적인 경험 대상은 그것의 개념에 '미치지 못한다'(A141/B180)고 지적한다. 이를테면 어떤 개의 모습도 개의 개념을 충분히 현시할 수는 없다. 하이데거에 따르면, 이러한 불충분성은 경험적인 직관으로 개념을 모사하는 데 한계가 있다는 뜻이 아니다. 앞서 언급했듯이 어떤 개도 애당초 개의 개념을 모사하는 것 자체가 불가능하기 때문이다. 더욱이 내용만 놓고 보면 경험적 대상이 개념보다 못할 것도 없다. 개념이 함유하는 것을 경험적 대상도 모두 함유한다고까지 말할 수도 있을 것이다. 따라서 어떤 개의 모습도 개의 개념에 미치지 못하는 이유는 모사가 불충분해서가 아니다.

하이데거의 해석에 따르면, 그 불충분성은 개의 개념이란 가능한 현시의 규칙 자체를 포함하는 반면에, 어떠한 개의 모습도 그러한 규칙에 맞는 하나의 예시에 불과하다는 데서 성립한다. 바로 이런 불충분성이 개념의 상으로서 도식-상에서 특유한 점이다. 경험 대상의 모습이 그와 같은 것 일반이 어떠한가를 보여 줄 때, 그 모습은 하나의 도식-상으로서 기능한다. 지각된 집의 모습이 집이라고 하는 것은 도대체 어떠한가를 보여 줄 때, 그 모습은 집 개념의 도식-상이다. 그것은 집이라는 개념을 감성화하는 도식화에 속한다. 그러나 그런 도식-상은 가능한 여러 도식-상 가운데 하나일 뿐이다. 이 집의 모습이 아니라 저 집의 모습이 집 개념을 감성화한다면, 그때는 저 집의 모습이 도식-상으로서 기능한다. 또한 손으로 그린 도안이나 마음속으로 떠올린 상, 예컨대 '집이라고 하는 것은 대략 이런 거지'라는 생각 속에서 집의 개념을 감성화한다면, 그때는 그것들이 집 개념의 도식-상이다. 그러니 어떠한 도식-상도 개념의 상으로서 자신의 유일무이성을 요구할 수 없다.

하이데거는 도식 절에서 칸트의 예시 하나를 인용하는데, 여기서 재인용할 가치가 있다. "개의 개념은 하나의 규칙, 곧 그에 따라서 나의 상상력이 네 발 동물의 형상을 일반적으로 그려 낼 수 있는 그런 규칙을 의미한다. 이때 그 형상은 경험이 내게 제공하는 그 어떤 개별적인 특수한 형상으로도, 또 내가 구체적으로 현시할 수 있는 온갖 가능한 상으로도 제한될 수 없다."(A141/B180) 상상력의 도움으로 무언가의 현시 규칙을 표상하는 것이 도식이다. 한 마리의 개가 어떤 모습으로 나타날 수 있는가를 지시하는 규칙의 표상은 개 개념의 도식이다. 여기에는 도식-상이 포함된다. 나의 상상력이 개의 개념에서 떠올리는 네 발 동물의 모습은 이럴 수도 저럴 수도 있다. 하지만 그것이 어떠한 모습이든 간에 그것은 한 마리의 개가 어떤 모습으로 드러날 수 있는가를 미리 규정하는 기능을 맡는다.

이상의 논의는 경험적 개념의 도식화를 중심으로 이루어졌다. 이어서 칸트는 순수감성적 개념의 도식화를 다룬다. 경험적 개념과 달리 수학적 개념의 도식-상은 그 개념에까지 비교적 잘 도달하는 듯하다. 예컨대 대충 손으로 그린 삼각형도 삼각형의 개념을 드러내기에는 부족함이 없다. 또한 경험적 개념의 대상, 곧 개나 집을 현시할 수 있는 임의성의 폭이 대단히 넓은 반면에, 삼각형은 기껏해야 예각이나 둔각, 아니면 직각 삼각형으로만 현시될 수 있을 뿐이다. 즉 임의성의 폭이 비교적 제한적이다. 그 점에서 개의 도식-상이 개의 개념에서 한참 멀리 떨어져 있다면, 삼각형의 도식-상은 삼각형의 개념에 비교적 근접하는 셈이다. 도식-상의 폭이 제한될수록 도식-상은 개념의 통일성에 근접한다.

순수감성적 개념의 도식화는 도식-상의 상으로서의 성격에서 특유한 점을 잘 보여 준다. 경험적 대상의 모습(일차적 의미의 상)은 바로 그것에서 식별되는 상의 내용으로 인해 상으로서의 성격을 얻는다. 이와 달리 도식-상의 상으로서의 성격은 그것에서 직접 식별되는 상의 내용에서 나오지 않는다. 도식-상에서 중요한 것은 그 형상 자체가 아니라 그것이 단지 하나의 사례일 뿐인, 그것을 포괄하는 현시 가능성 일반을 지시하는 규칙을 표상하게 해 준다는 점이다. 이는 수학적 개념의 도식-상에서 뚜렷하게 확인된다. 칸트는 연이어 찍힌 다섯 개의 점을 "5라는 수의 상"(A140/B179)이라고 일컫는다. 하이데거의 해석에 따르면, 이러한 상이 곧 5라는 개념의 도식-상이다. 여기서 직접 식별되는 상의 내용은 일렬로 나열된 다섯 개의 점일 뿐이다. 물론 5라는 수는 결코 그런 점들의 계열과 같은 모양이 아니다. 개념으로서 수는 사실 아무런 모양도 가질 수 없다. 하지만 다섯 점의 계열은 5라는 수를 형상 속에서 표상하는 규칙에 맞아떨어지기 때문에 도식-상으로 기능할 수 있다.

요컨대, 도식-상이 개념의 상일 수 있는 이유는 그것이 개념을 닮아서가 전혀 아니라, 그것이 그 자신의 특정한 형상 속에서 다양한 현시 가능성들을 아우르는 규칙을 나타내기 때문이다. 그런 맥락에서 하이데거는 도식-상이 "흡사 규칙을 가능한 직관의 영역으로 들어온다"(KPM, 99)고 말한다. 이러한 현시 규칙을 표상하는 한에서만 도식-상은 개념의 상일 수 있다. 그래서 하이데거는 단순히 다섯 점의 나열이라는 고립된 상을 도식-상이라고 부르는 것은 부적절하며, 그것이 5라는 개념의 현시 규칙을 표상하는 방식에 속하는 한에서만 도식-상이라고 불릴 수 있음을 강조한다.

하이데거는 이상의 해석으로부터 도식-상에 의한 개념의 감성화, 곧 도식화를 그림에 의한 사물의 감성화 ―곧 모사나 재현― 와 비슷하게 파악하거나 아예 그런 것으로 환원하는 모든 해석을 거부한다. 오히려 개념의 감성화는 다른 모든 종류의 감성화를 가능하게 하는 근거다. 한 채의 집을 지각할 때도 이미 그 지각의 근저에는 "집 일반과 같은 어떤 것을 미리 보는 도식화의 시선이"(KPM, 101) 깔려 있다. 우리가 한 채의 집을 집으로서 알아봄은 그 집의 모습을 통해 집의 개념을 도식화함으로써만 가능하다. 한 채의 집이 집의 모습을 내놓을 수 있으려면, 그 집이 집이라고 하는 것은 도대체 어떠한 모습일 수 있는가를 지시하는 규칙의 표상과 맞아떨어져야만 한다. 지각된 집의 모습이 또한 동시에 개념을 감성화하는 도식-상으로 기능할 수 있는 것은 실은 그 모습이 이미 개념의 감성화에 근거를 두었기 때문이다.

22절 초월론적 도식화

경험적 개념과 수학적 개념이 어떻게 도식-상을 통해 감성화되는가 —곧 도식화되는가— 에 대한 앞선 설명은 순수지성개념의 도식화를 설명하기 위한 예비작업이었다. 이제 순수지성개념들이 어떻게 초월론적 상상력의 도식화를 통해서 순수직관, 곧 시간과 연관되는지를 설명해야 한다. 그러한 설명은 동시에 순수지성개념들이 감성의 조건 속에서 초월의 지평을 형성하는 방식을 밝히는 것이기도 하다. 이로부터 순수지성개념들과 순수직관, 곧 관념과 시간이 어떻게 내적 접합구조를 이루는지도 최종적으로 밝혀진다.

순수지성개념의 도식에 속하는 상은 순수한 상이어야만 한다. 그것이 경험적 직관의 영역에 속하는 상일 수 없음은 물론이다. 하지만 그것은 또한 수학적 개념의 도식에 속하는 상일 수도 없다. 이러한 상은 단지 수학이라는 특정 대상 영역에 한정될 뿐이지만, 순수지성개념의 도식에 속하는 상은 대상성 일반을 포괄해야만 하기 때문이다. 그렇다면 그런 순수한 상은 어디에서 구해야 하는가?

이미 연역에서 관념과 시간이 초월론적 상상력의 매개를 통해 내적 접합구조를 이루어야만 한다는 사실이 밝혀졌다. 따라서 초월론적 상상력의 도식에 속하는 순수한 상은 물론 순수직관에서, 그것도 외감이나 내감으로 한정되지 않는 보편적 순수직관인 시간에서 마련되어야만 한다. 순수직관으로서 시간에서 "지금 계열의 순수한 연속"(KPM, 103)이라는 상이 주어진다. 이러한 상이 순수지성개념의 도식화에 속하는 도식-상으로 기능해야만 한다. 하이데거에 따르면, 칸트는 그런 맥락에서 시간이 대상 일반의 "순수한 상"(A142/B182)이라고 말한다.

그러므로 범주를 지성에 내재하는 관념으로 한정하는 것이 부적절하듯이, 시간을 단순히 직관의 형식으로만 한정하는 것도 부적절하다. 시간, 곧 지금 계열의 연속은 순수한 상으로서 단순히 형식적 틀과 같은 것일 수 없다. 지금 계열의 연속은 모든 대상 경험에 앞서서 대상성 일반의 상을 마련한다. 순수지성개념들이 단지 관념이 아니라 범주일 수 있는 것은 그것들이 시간 속에서 도식화되어 있기 때문이다. 시간을 통해 도식화되지 않은 순수개념이란 아무런 대상적 의미를 갖지 못하는 순전한 관념일 뿐이다. 그러한 관념은 존재론적으로 무의미하며, 칸트에 따르면 대상적 연관을 결여하므로 인식의 가능성도 가지지 못한다.

　순수지성개념은 실체성, 인과성, 실재성과 같이 현상들을 일정한 방식으로 종합하는 통일 단위의 표상이다. 순수지성개념을 감성화하는 도식화는 그런 단위를 시간이라는 순수직관이 마련하는 순수한 상 속에서 어떻게든 '보이도록' 해야만 한다. 비록 개념 자신이 직관 속에서 어떤 모습으로 직접 나타날 수는 없더라도 말이다. 그런데 순수지성개념이 여럿이므로 시간의 순수 상도 다양해야만 한다. 하지만 초월론적 감성론에서 논의했던 바와 같이 시간은 직관으로서 단일하다. 따라서 순수지성개념의 도식화는 단일한 시간, 곧 지금 계열의 순수한 연속을 다양한 상들로 분절하는 식으로 이루어진다. 그래서 칸트는 여러 도식이란, 곧 여러 "규칙에 따른 선험적 시간규정"(A145/B184)이라고 진술한다. 초월론적 상상력은 이러한 여러 시간규정을 구상함으로써 여러 순수지성개념을 여러 순수 상 속에서 도식화한다. 이러한 도식화에 범주와 존재론적 인식, 그리고 초월의 근원이 있다. 하이데거는 바로 그런 이유로 이러한 도식화가 칸트에게서 "초월론적 도식화"라고 불린다고 설명한다.

하이데거가 지적하듯이, 칸트에게서 도식에 속하는 시간규정의 목록은 시간의 본질 분석으로부터 제시되지 않는다. 순수지성개념의 목록이 지성의 본질 분석이 아니라 판단표로부터 제시되듯이, 시간규정의 목록도 그저 범주표로부터, 결국 판단표로부터 제시된다. 하이데거는 여기서 칸트의 도식론의 한계를 본다.

남은 과제는 판단표에서 확인된 지성개념들 각각에 대해 그에 상응하는 도식 내지 시간규정을 하나하나 제시하는 작업이다. 어찌 보면 결정적으로 중대한 이 작업을 칸트는 건조하고 지루하다는 이유로 짧막하게 처리한다. 하이데거는 여기에 몇 가지 사정이 있다고 본다. 한 가지는 다소 정당한 사정이다. 칸트는 도식론에 뒤이어 원칙론에서 선험적 종합 원칙들의 체계를 논한다. 여기서 어차피 다시 도식의 문제에 부딪히기 때문에 도식론에서 도식의 체계를 다 논할 필요가 없다는 것이다. 하지만 원칙론에서도 도식의 해설은 단지 제한적으로만 이뤄지므로 문제가 다 해결되는 것은 아니다.

하이데거는 칸트의 도식론이 불충분하고 불투명한 데는 더 깊은 이유가 있다고 본다. 그에 따르면 칸트는 시간을 지금 계열의 순수한 연속으로만 파악했다. 이러한 시간관은 주체의 주체성을 구성하는 근원적 시간에 미치지 못한다. 하이데거는 35절에서 바로 그런 사정으로 인해 칸트의 도식론이 한계에 봉착했던 것이라고 해석한다.

하지만 그렇다고 해서 칸트의 도식론이 그저 허황한 이론이라는 뜻은 전혀 아니다. 칸트는 범주의 네 분류 계기, 곧 양, 질, 관계, 양상에 상응하게 네 시간성격, 곧 "시간 계열, 시간 내용, 시간 질서, 시간 총괄"(A145/B185)을 제시한다. 칸트는 이 가운데 한 계기인 양에 대해서 비교적 자세히, 그리고 (각각 질과 관계 계기에 속하는) 실재성과 실체에 대해서도 제법 해설하고 나머지에 대해서는 소략하게 언급한다. 하이데거는 그 가운데 실체 도식 하나를 현상학적으로 해석함으로써 칸트의 도식론이 현상에 충실한 이론임을 보이고자 한다.

우선 하이데거는 건너뛰고 있지만, 실체 개념에 대한 개괄적 해설이 약간 필요하다. 실체substantia는 우유accidens와 짝을 이루는 개념이다. 이를테면 사과의 붉음을 지각할 때, 사과는 실체에, 붉음은 우유에 해당한다. 우유는 변천한다. 반면에 실체는 그처럼 변천하는 우유를 근저에서 지탱하는 것으로서 불변적이다. 순전한 관념으로서 실체는 이처럼 근저에-놓임을 뜻한다. 그렇다면 실체의 도식이란 근저에-놓임을 시간적으로 현시하는 순수 상일 것이다. 그러한 시간적 상이 지속성, 또는 머무름이다. 시간은 언제나 꾸준하다. 시간 자체는 변천하지 않고 끝없이 계속된다. 비록 지금은 이내 방금으로 흘러가고 새로운 지금이 곧이어 찾아온다고 해도, 매 지금 속에서 시간은 항구적이다. 그래서 칸트는 "실체의 도식은 시간에서 실재적인 것의 항구성Beharrlichkeit"(A143/B183)이라고 말한다. 계속해서 머무름이라는 시간적 상이 근저에-놓임이라는 관념을 "순수직관 속에서 제시한다"(KPM, 107).

하이데거는 실체 도식의 기능을 더욱 분명하게 밝히려면

실체가 관계의 한 범주임을 고려해야 한다고 덧붙인다. 칸트는 이를 특별히 언급하지 않았지만 말이다. 실체는 우유와의 관계에서 그 근저에 놓인 것을 뜻한다. 우유는 변천이라는 시간적 상에서 현시된다. 지금으로서 시간은 매번 흘러간다. 매번 다음의 지금으로 넘어간다. 영속적인 시간 속에서도 매번 지금은 새로운 지금으로 변천한다. 즉 시간은 계속해서 머무름이라는 상만이 아니라 머무름 속에서의 변천이라는 상 또한 제공한다. 머무름이라는 시간상으로서 실체 도식은 이러한 변천이라는 시간상과의 관계에서 온전히 규정된다.

하이데거는 실체 도식에 대한 이상의 해석이 거친 것이라고 자평한다. 왜냐하면 근원적 시간이나 주체성의 근간을 고려하지 않았기 때문이다. 그러면서도 여기서 요점은 실체 관념이 선험적으로 하나의 순수 상, 곧 변천에 대비되는 머무름으로 표상됨으로써 대상성의 지평이 '가시화'됨을 보여 주는데 있다고 강조한다. 실체는 대상성의 구성적 요소다. 대상성은 실체의 도식화를 통해서 선험적으로 현시된다. 도식화된 관념으로서 실체 관념은 변천 속에서도 불변적인 존재자가 드러날 수 있는 토대로서 존재자를 대상으로서 경험할 수 있는 조건이다. 이는 항구적으로 머무름이라는 순수 상을 미리부터 시선 속에 두기 때문에 변천 속에서도 불변적인 존재자가 경험될 수 있다.

이로써 초월론적 도식화가 존재론적 인식의 가능 근거임이 밝혀진다. 존재자를 존재자로서 마주칠 수 있도록 해 주는 존재론적 인식은 순수지성개념들의 도식화를 근거로 가능해진다. 도식화를 통해서 순수지성개념은 대상성을 직관적으로 현시할 수 있다. 그래서 하이데거는 "초월론적 도식화에서 범주가 비로소 범주로서 형성된다"고, 그런 뜻에서 그 도식화가 "근원적이고 본래적인 개념 형성 일반"(KPM, 110)이라고 진술한다.

시간에 의거한 도식화는 존재자가 대상으로서 맞설 수 있는 지평을 형성한다. 순수사고에서 표상된 관념은 시간의 순수 상 속에서 감성화된다. 시간, 곧 순수지성개념의 순수 상을 근거로 초월의 지평, 존재론적 지평이 열린다. 존재자가 대상으로서 맞서도록 하는 대상성의 근원은 결국 시간이다. 시간 속에서 유한한 인간 인식에 본질적인 대상성의 저항성이 고지된다.

23절 도식화와 포섭

앞 절까지의 내용으로 칸트의 도식론에 대한 주해는 끝난다. 그렇지만 하이데거는 칸트가 왜 처음에 도식화 문제를 포섭Subsumtion이라는 용어로 도입하는가에 대한 설명이 필요하다고 본다.[24] 이는 앞서 연역 절에 대한 주해를 마치고서 하이데거가 칸트가 왜 초월의 해명이라는 과제를 '연역'이라는 법률적 용어로 도입하는가에 대해 설명했던 것과 유사하다. 앞에서 하이데거는 연역 절이 표면적으로 취했던 소송 형식이 초월이라는 그 절의 실질적 과제를 제시하기는커녕 오히려 범주의 논리적 타당성 문제를 핵심으로 받아들이도록 오도하게 만든다고 지적했다. 이와 유사하게 칸트가 도식화 절의 첫머리에서 언급하는 '포섭'은 이 절의 핵심을 판단과 논리의 문제로 오도하게 만들 위험이 있다. 포섭이란 본래 전통 논리학에서 개념의 사용이라는 뜻으로 쓰였기 때문이다.

포섭이란 하나의 판단에서 현상을, 곧 직관된 개별자를 일반적 개념하에 포괄하는 것이다. '이 시추는 개다'라는 판단은

---

24 칸트가 도식화 절에서 '포섭'을 언급하는 곳으로 A137f./B176f., A139/B178 참조.

한 마리의 시추를 개라는 개념 아래로 가져온다. 경험적 개념에서 포섭 관계에는 아무런 문제 될 것이 없다. 한 마리의 시추는 감성적으로 주어지는 대상이고, 개라는 개념 역시 그 내용을 경험에서 얻기 때문이다. 반면에 순수지성개념의 포섭은 사정이 다르다. 순수지성개념은 순수한 한에서 현상과 전혀 동종적이지 않다. 그런데 어떻게 현상을 순수지성개념 아래로 포섭할 수 있단 건가? 달리 말해서 어떻게 그 이종성에도 불구하고 범주를 현상에 적용할 수 있단 말인가? 칸트는 위와 같이 도식의 문제를 제기한다. 즉 '포섭'은 도식의 문제를 도입하기 위해 쓰인다. 순수지성개념과 현상이 그토록 상이한데 어떻게 순수지성개념이 현상을 규정할 수 있는가? 둘 사이를 이어 주면서 포섭 관계를 성사시키는 매개체는 물론 초월론적 도식이다. 도식은 "지성적이면서도 감성적"(A138/B177)이라는 양가성을 갖기 때문에 이종성의 문제를 풀고 현상을 순수지성개념 아래로 포섭하도록 해 준다.

하이데거에 따르면, 포섭은 도식화 문제의 본질이라기보다는 그 문제를 도입하는 형식일 따름이다. 그래서 그는 포섭을 논리학이 아니라 존재론의 맥락에서 이해할 것을 제안한다. 그의 일관된 해석에 따르면 도식의 문제는 존재론적 인식의 가능성 문제다. 따라서 '포섭'은 존재론적 포섭을 가리켜야만 한다. 순수지성개념은 범주로서 존재론적 개념이다. 이러한 "근원개념"은 존재론적 개념이므로 모든 현상을, 곧 모든 존재자를 자신 아래로 '포섭'해야만 한다.

그 점에서 범주는 특출한 의미에서 일반적이어야 할 것이다. 물론 경험적 개념도 여러 현상을 포섭하는 한에서 일반적이다. 그렇다면 범주는 가장 일반적인 개념인가? 개, 포유류, 동물, 생명과 같이 점차로 상위의 일반성을 갖는 개념으로 올라가는 분류 체계에서 최상위를 차지하는 개념이 범주인가? 하지만 하이데거는 일찍이 『존재와 시간』에서 존재는 종이나 유와 같은 일반성이 아니라고 지적했다. 여기서도 그는 범주는 단순히 최상위 유가 아니라고 주장한다. 다만 그러한 일반성이 어떤 성격을 갖는가라는 물음은 열어 둔다.

하이데거에 따르면, 범주의 일반성은 '일반형이상학'의 일반성과 상통한다. 칸트는 도식론에서 근원개념의 문제를 제기하고 범주의 본질을 초월론적 도식으로 규정함으로써 그 문제를 해결한다. 그래서 하이데거는 도식론이야말로 "일반형이상학 정초의 결정적 단계"(KPM, 111)라고 본다. 더불어 칸트의 도식론이 혼란스럽다는 세간의 평가와 정반대로 그것은 극도로 체계적이라고 주장한다.

정초 5단계 존재론적 인식의 완전한 본질 규정

존재론적 인식의 내적 가능 근거는 이미 4단계에서 초월론적 도식화로 해명되었다. 이것으로 정초의 목표를 달성했다. 그러니 마지막 단계에서 정초를 추가적으로 진행할 것은 없다. 이제까지 진행된 정초의 전 단계를 통일적으로 조망하는 작업이 5단계의 과제다. 하이데거에 따르면, 칸트는 존재론적 인식 내지 초월의 본질에 대한 최종 규정을 "모든 종합 판단의 최상 원칙"이라는 절에서 제시했다. 그래서 하이데거는 정초의 마지막 단계에서 원칙론의 한 부분을 해설한다.

24절 초월의 완전한 본질 규정으로서 최상의 종합 원칙

칸트는 해당 절에서 순전한 사고, 즉 직관을 결여한 사고는 인식에 이를 수 없음을 재차 강조한다. 순전한 사고란 주어와 술어를 결합하는 판단이다. 이는 인식의 필수적 요소지

만 그 자체만으로 인식은 아니다. 순전한 사고는 표상된 것에 머물 뿐이지, 존재자와의 관계를 갖지 못한다. 존재자와의 관계를 결여한 순전한 판단은 주어의 의미를 주해하는 판단, 즉 분석판단이다. 전승된 특수형이상학은 초감성적 존재자의 인식을 주장하지만, 실은 이렇게 인식에 이르지 못하는 분석판단에 불과하다. 순전히 개념들에 따라 사고하는 전통 형이상학은 존재자와의 관계를 결여하고 "한갓 표상들을 갖고 유희"(A155/B195)하기 때문에 초감성적 존재자의 인식을 주장할 권리가 없다.

순전한 사고가 표상된 것에 머물 뿐이라면, 유한한 인식은 이를 넘어서야만 한다. 넘어서서 어디로 가는가? 물론 자신이 아닌 다른 존재자다. 인식은 순전히 표상된 것을 넘어서 자신이 아닌 다른 존재자 곁에 머문다. 즉 유한한 인식은 그 자신과 일치를 이룰 다른 존재자와의 관계가 필요하다. 하이데거는 칸트가 '종합판단'이라고 말할 때의 '종합'이란 바로 이러한 다른 존재자와의 관계를 가리킨다고 해설한다. 하이데거는 앞선 5절에서 이를 명제적-진술적 종합과 대비하여 진리적 종합이라고 불렀다. 그런 종합에서 존재자가 존재자로서 개방되는 진리가 성립하기 때문이다. 그런 점에서 인식은 그 자체로 종합적이다.

순전한 표상에 머물지 않고 다른 존재자와의 관계로 들어섬, 이것이 곧 초월이다. 하이데거의 지론에 따르면, 칸트의 논의에서 핵심은 언제나 이런 초월의 해명이다. 초월론적 상상력의 도식화를 근거로 순수직관(시간)과 순수사고(통각)가 구조적 통일성을 이루는 순수인식에서 존재자가 존재자로서 개방되는 초월이 형성된다. 그래서 순수인식은 존재론적 인식이라고 불려야 한다.

하이데거는 칸트가 이상과 같은 초월의 문제를 원칙론에서 "경험 가능성"이라는 용어로 표현한다고 본다. 경험이란 존재자를 수용하는 유한한 인식이다. 여기서 가능성이라는 표현은 '실제의' 경험과 대비되는 '가능한' 경험을 가리키지 않는다. '가능한' 경험이란, 있을 수 있지만 실제로 일어나지 않은 경험을 뜻한다. 하지만 칸트가 "경험 가능성"이라고 말할 때 문제가 되는 것은, 가능한 경험이나 실제의 경험이 아니라 그런 모든 유한한 경험을 미리부터 가능하게 해 주는 조건이다. '경험 가능성'의 문제란 이럴 수도 저럴 수도 있는 모든 유한한 경험을 당초에 가능하게 해 주는 것 전체의 문제다. 그래서 하이데거는 "경험의 가능성이란 초월과 동의어"(KPM, 117)라고 단언한다.

하이데거는 앞선 논의를 토대로 경험 가능성의 조건을 두 가지로 요약한다. 첫째, 대상이 자신을 내놓을 수 있으려면 미리부터 그것을 향한 정향Zuwendung이 일어나야만 한다. 연역론과 도식론은 이러한 선행적 정향이 어떻게 존재론적 종합 속에서 일어나는가를 설명했다. 선행적 정향은 경험이 일어날 수 있기 위한 조건이다. 둘째, 인식이란 "객체[대상]와의 일치"(A157/B196f.)여야만 하므로, 대상성의 지평이 미리부터 열려 있어야만 한다. 이러한 지평의 개방성은 경험되어야 할 것이 대상으로서 경험될 수 있기 위한 조건이다. 이 두 조건이 초월의 완전한 본질을 이룬다.

칸트는 "모든 종합판단의 최상원리"에 대해 "경험 일반의 가능 조건이 동시에 경험 대상의 가능 조건"(A158/B197)이라고 표명한다. 하이데거는 이 유명한 구절에서 초월의 완전한 구조가 통일적으로 제시된다고 본다. 특히 "동시에"라는 표현에서 자신이 제시한 두 조건이 합일적으로 나타난다고 본다. 즉

"정향하면서 맞서도록 함 그 자체[첫째 조건]가 대상성 일반의 지평을 형성[둘째 조건]한다."(KPM, 119) 하이데거에 따르면, 두 조건은 '동시적'일 뿐만 아니라 한 조건을 다른 조건 없이 생각할 수도 없을 만치 하나를 이룬다.

경험의 가능 조건, 곧 첫째 조건은 인식 자신이 한갓 표상된 것에 머물지 않고 저 너머를 정향하면서 그리로 넘어가는 것이다. 이러한 넘어섬이 어쩌다 한번 일어나는 것이 아니라 미리부터 "언제나" 일어나므로, 즉 초월이 우리의 본질적 구조에 속하므로, 넘어섬이란 실은 "꾸준히 밖에 나가 섬 ständiges Hinausstand"(KPM, 119)으로 밝혀진다. 경험의 가능 조건은 이렇게 자신을 넘어서 미리부터 저리로 정향하여 밖에 나가 섬, 곧 "탈자Ekstasis"다. 그런데 이러한 탈자로서 초월은 또한 "동시에" 존재자가 대상으로 맞세워질 지평을 열고 그렇게 자기 앞에 계속해서 열어 두는 것이기도 하다. 즉 대상성의 가능 조건이다. 그래서 칸트는 경험의 가능 조건이 동시에 대상성의 가능 조건이라고 말하면서 이를 모든 유한한 인식의 최상원리로 제시하는 것이다.

한 가지 흥미로운 점은 하이데거가 『존재와 시간』 69절에서 근원적 시간과 관련하여 언급했던 "탈자적-지평적" 성격이 여기서 저 두 조건의 성격을 가리키는 표현으로 등장한다는 사실이다. 초월은 첫째 조건에서 언급한 바처럼 저편으로 미리부터 정향하여 밖에 나가 섬으로서 탈자적이고, 동시에 존재자가 대상으로서 맞설 지평을 형성한다는 점에서 지평적이다. 그래서 하이데거는 "초월은 그 자체로 탈자적-지평적"(KPM, 119)이라고 말한다. 여기서 하이데거가 자기 철학의 핵심을 칸트에게서 읽어 내려고 시도하고 있음은 분명해 보인다.

칸트의 최상원리는 곧잘 추론으로부터 얻어 낸 원리로 여겨진다. 좌우간 경험이 타당하려면 그 원리를 타당한 것으로 가정하지 않을 수 없다는 식의 추론 말이다. 하지만 현상학적 해석은 이러한 평가를 받아들이지 않는다. 하이데거는 오히려 그 원리야말로 초월의 통일적 구조에 대한 가장 근원적인 현상학적 인식이라고 본다.

25절 초월과 일반형이상학 정초

이상과 같이 초월의 통일적 구조를 통찰함으로써 존재론

적 종합의 본질도 밝혀졌다. 이것으로 일반형이상학을 정초한다는 당면 과제가 완수된 셈이다. 하지만 사실 칸트 자신은 '존재론적 인식'과 같은 용어를 사용한 적이 없다. 하이데거는 정초를 마무리하는 논의에서 어째서 그럼에도 칸트의 작업이 일반형이상학 정초인지를 밝힌다.

유한한 인간 인식은 존재자를 존재자로서 수용하는 데서 출발한다. 칸트의 철학적 과제는 존재자를 수용하는 인식, 곧 경험이 어떻게 가능한가를 해명하는 작업이었다. 칸트에게서 경험의 가능 근거는 순수종합 내지 순수인식이다. 순수사고는 상상력의 도식화를 근거로 시간의 순수 상이라는 순수 직관을 통해 비로소 범주를 범주로서 형성한다. 세 인식능력의 이러한 통일적 활동 자체가 곧 순수종합으로서 순수인식이다.

순수인식은 그 근본적 유한성에도 불구하고 인식되어야 할 것을 스스로 형성하고 스스로 마련한다는 점에서 '창조적'이다. 물론 그렇다고 해도 그것이 무한한 직관처럼 존재자를 창조한다는 뜻일 수 없음은 분명하다. 순수인식에서 인식되는 것은 존재자가 아니기 때문이다. 하이데거 자신의 철학적 견지에서 보자면, 순수인식은 존재론적 인식이므로 거기에서 인식되는 것은 분명히 존재자의 존재다. 그래서 하이데거의 마지막 과제는 '존재자의 존재'와 같은 것을 말하지 않는 칸트에게서 어떻게 존재론적 인식의 정초와 같은 것을 끌어낼 수 있는지를 밝히는 작업이 된다.

하이데거의 해석에 따르면, 칸트는 순수인식에서 인식되는 것을 "초월론적 대상" 또는 "X"라고 부른다. 하이데거는 『비판』에서 이와 관련한 두 부분을 상세히 인용한다. 하나(①)는 연역의 도입부, 다른 하나(②)는 "모든 대상 일반을 현상체와 예지체로 구별하는 근거에 대하여"다.[25] ①에서 칸트는 "우리에 의해 더는 직관될 수 없는 대상"을 "초월론적 대상=X"라고 부른다. 하지만 하이데거의 해석에 따르면 그것은 "현상들의 층 '뒤에' 숨겨진"(KPM, 122) 존재자, 즉 통속적으로 해석된 물자체와 같은 것이 아니다. 칸트가 비록 거기서 "직관될 수 없는 대상"이라고 말하지만, 하이데거에 따르면 그것은 단지 경험적으로 직관될 수 없음을 뜻할 뿐이다. 왜냐하면 칸트는

---

25 A108f. 및 A235ff/B294ff.

②에서 "초월론적 객체"에 대하여 오히려 "직관 일반의 대상"이라고 말하기 때문이다. 그래서 하이데거는 초월론적 대상이란 순수직관의 대상이라고 해석한다.

순수인식에서 인식되는 것은 경험적으로 직관될 수 없다. 하지만 그것은 순수직관에서 주어진다. 그것은 경험의 대상, 곧 존재자가 아니라는 뜻에서 무^{ein Nichts}다. 그것을 칸트가 "그에 대해 아무것도 알지 못하는 X"(A 250)라고 부르는 이유는 여기서 '앎^{Wissen}'이란 단지 존재자를 소유하는 파악을 뜻하기 때문이다. 칸트는 문제의 "X"를 "통각의 통일성의 상관자"(A 250)라고 부른다. 하이데거에 따르면, 이는 X가 저항성격을 이루는 대상성의 순수 지평임을 뜻하는 것이다. 즉 존재자가 비로소 대상으로서 맞설 수 있게 해 주는 지평 말이다.

순수인식에서 인식되는 것은 결국 존재자가 아니라 존재자가 존재자로서 개방될 수 있는 지평이다. 순수인식은 그러한 지평을 형성하고 열어 두는 활동이다. 물론 그 지평은 비주제적으로 시야에 남을 뿐이다. 자신은 비주제적으로 머물면서 거기에서 만나게 되는 존재자를 주제화한다. 이런 맥락에서 하이데거는 존재론적 차이를 도입한다. 존재자는 아니지만 그저 아무것도 아닌 것은 아닌 X, 칸트의 용어로 초월론적 대상이란, 존재자의 존재 내지 그 존재가 '비은폐'되는 지평이다. 따라서 순수인식이란 존재론적 인식에 다름 아니다. 하이데거에 따르면 칸트가 언급하는 "초월론적 진리"(A146/B185)도 초월을 형성하는 존재론적 인식을 가리킬 따름이다.

존재론적 인식이 '창조'하는 것은 존재자가 아니라 존재다. 칸트에게 존재는 다시 대상성이다. 존재론적 인식은 이러한 대상성 내지 대상성의 지평을 '창조'한다. 하지만 이러한 '창조성'은 초월의 유한성을 저해하기는커녕 오히려 바로 그 유한성의 소산 또는 그 이면일 뿐이다. 초월론적 지평 형성은 오직 존재자를 수용하기 위한, 곧 존재자가 그 편에서 자신을 우리에게 드러낼 수 있도록 하기 위한 활동일 뿐이기 때문이다.

칸트적 정초의 추수행을 마무리하면서 하이데거는 칸트가 "존재론이라는 오만한 명칭"(A247/B303) 대신에 초월철학이라는 명칭을 사용한다는 사실이 자신의 해석과 충돌하지 않는지의 문제를 다룬다. 하이데거는 칸트가 '존재론'을 거부하는 이유는 그가 그 명칭을 전통 형이상학적 의미에서 받아들였기 때문이라고 본다. 만일 '존재론'이 무제한적 직관으로 사물에 대한 선험적인 인식을 월권적으로 주장하는 학문을 뜻한다면, 칸트의 초월철학은 존재론일 수 없다. 그러나 칸트의 초월철학은 초월의 통일적 구조를 해명함으로써 존재자가 존재자로서 접근될 수 있는 존재의 지평을 최초로 제시한다. 이로써 칸트는 전통 형이상학의 초석을 와해시킴과 더불어 일반형이상학을 새로이 정초한다. 즉 '존재론'이라는 표현의 의미를 일신하는 계기를 스스로 마련한다. 하이데거는 칸트가 『비판』의 후반부에서 형이상학 전 체계를 건축술적으로 구상하면서 사용하는 '존재론'이라는 명칭이 바로 그런 새로운 의미를 담아낸다고 해석한다.

제3편 형이상학 정초의 근원

제2편에서 하이데거가 칸트의 형이상학 정초를 철저하게 추수행하고자 했다면, 제3편에서 그는 칸트의 성과를 칸트 자신보다 더욱 근원적으로 전유하고자 한다. 하이데거는 칸트에게서 시간의 문제와 주체성의 문제가 충분히 근원적으로

분석되지 않았다고 보기 때문이다. 이때 핵심이 되는 칸트의 개념은 초월론적 상상력이다. 제3편의 제목에서 '근원'에 해당하는 것이 초월론적 상상력이다. 앞서 초월론적 상상력은 순수직관과 순수사고를 매개하는 중심으로 해석되었다. 이제 하이데거는 그것이 단순히 중심이 아니라 두 인식원천을 자라나게 하는 근원임을 주장하고자 한다. 이는 물론 칸트 자신이 직접 말하지 않았던 것이다. 그렇지만 하이데거는 자신의 주장이 칸트의 철학에 대한 부당한 외재적 비판과 같은 것이 아니라고 역설한다. 그에 따르면, 초월론적 상상력이 순수직관과 순수사고의 공통 뿌리라는 이념은 바로 칸트 자신의 저술에서 끌어낸 것이기 때문이다.

제3편은 세 장으로 나뉜다. 하이데거는 A장에서 초월론적 상상력의 특징을 앞선 정초 작업에서 크게 벗어나지 않는 수준에서 재차 정리한다. 본격적인 근원적 해석은 B장과 C장에서 이루어진다. B장에서 하이데거는 상상력을 두 인식원천의 근원으로 밝혀내고자 시도한다. 끝으로 무척 난해하지만 결정적으로 중요한 C장에서 그는 초월론적 상상력을 주체성의 핵심으로 파악하면서 근원적 시간을 주체성의 본질에서부터

해명하고자 한다.

A. 정초된 근거 특징짓기

26절 존재론적 인식을 형성하는 중심으로서 초월론적 상상력

일반형이상학 정초는 존재론적 인식의 내적 통일성이 초월론적 상상력의 초월론적 도식화에 근거를 두고 있음을 밝혀냈다. 초월론적 상상력은 순수도식을 산출함으로써 초월의 지평을 가시화한다. 이러한 상상력의 도식화에서 순수직관과 순수사고는 서로 내적 접합구조를 이룬다. 순수직관과 순수사고의 순수종합으로서 존재론적 인식을 형성하는 중심은 바로 초월론적 상상력이다. 요컨대, 일반형이상학을 정초하는 근거는 초월론적 상상력이다.

그래서 하이데거는 초월론적 상상력의 본질을 더 깊이 탐구하고자 한다. 칸트에게서 상상력은 인간 영혼의 능력이다. 그렇다면 정초의 초석으로서 상상력은 인간학을 통해 해명될 수 있는가? 하이데거는 일단 그런 시도를 해 볼 수 있다는 듯이 칸트의 인간학 강의에서 제시된 경험적 상상력을 제법 상

세히 논한다.

요점은 이렇다. 칸트는 거기서 상상력에 대한 명료한 정의를 제시한다. 상상력이란 '대상이 현재하지 않아도 직관하는 능력'이다. 상상력은 존재자가 직접 직관되지 않음에도 직관할 수 있다. 이전에 지각했던 것을 다시 떠올리기도 하고, 아니면 아예 자유로이 무언가를 고안하기도 한다. 하지만 칸트는 기본적으로 상상력을 독자적 능력이라기보다는 감성적 직관의 일종으로 간주한다. 상상력은 어쨌거나 상이나 모습을 수용하는 능력이기 때문이다. 하지만 다른 한편으로 상상력은 직관되는 존재자에 구속받지 않은 채로, 즉 자유롭게 상을 마련하여 스스로 수용한다. 요컨대 상상력은 감성처럼 수용적이면서도 지성처럼 자발적인 양면성을 지닌다.

하이데거는 인간학 강의가 상상력에 대해 제시한 이상의 내용이 『비판』의 내용을 전혀 넘어서지 못한다고 평가한다. 첫째로, 상상력이 감성과 지성의 중간능력이라는 점은 초월론적 연역과 도식론에서 오히려 훨씬 근원적으로 밝혀진다. 둘째로, 상상력에 대한 정의에서 제시된 특성은 이미 연역과 도식론에서 아주 분명히 드러난다. 초월론적 상상력은 '대상의 현존'에 의존하기는커녕 당초에 이런저런 대상의 현존이 드러날 수 있을 대상성의 지평을 형성하는 데 중심적 역할을 한다. 초월론적 상상력이 형성하는 실체 도식이 항구적 현존과 같은 것을 사전에 시선으로 가져오지 않았다면, 대상의 현재와 같은 것도 애당초 성립할 수 없었을 것이다. 셋째로, 인간학 강의에서 칸트는 생산적 상상력이 감관에 의존하지 않고도 대상의 모습을 자유로이 창안할 수 있음을 언급하지만, 이러한 생산적 상상력도 경험적 수준에 머물 뿐이다. 반면에 『비판』에서 생산적 상상력은 어느 대상의 상이 아니라 대상성 일반의 순수 상을 낳는다. 그 점에서 이는 순수 생산적 상상력이며, 또한 초월을 형성하는 초월론적 상상력이다.

인간학은 인간에 대한 일반적 경험이 제공하는 지식의 틀에서 상상력을 다룬다. 그러니 여기서 초월의 문제와 같은 것은 제기될 수 없다. 따라서 인간학 강의를 통해서 형이상학 정초에서 초석에 해당하는 근거를 해명하겠다는 시도는 애당초 가당찮았던 셈이다. 하이데거는 이상의 시도가 잘못 옆길로 빠져들었던 것이라고 자평한다. 그러면서도 자신이 취하는 방법에서 때때로 이렇게 잘못된 길로 빠지기도 하는 것은 불가피함을 암시한다.

27절 제삼의 근본능력으로서 초월론적 상상력

초월론적 상상력이 순수직관과 순수사고를 매개하는 제삼의 근본능력이라는 점은 칸트의 텍스트 곳곳에서 확인된다. 마음의 세 능력이 공히 인식의 원천이다. 하이데거는 그에 대한 전거를 여러 곳 명시하지만[26] 연역과 도식론의 내용만 살펴보더라도 그 점은 상당히 명백하다. 하지만 그와 반대되는 전거도 있다. 이미 6절에서 살펴본 바와 같이 칸트는 『비판』의 서두와 말미에서 인식의 원천으로서 오직 마음의 두 원천, 또는 두 "줄기", 즉 감성과 지성만을 명시하고, 심지어 그 외의 인식능력은 없다고 덧붙인다. 또한 칸트가 초월론적 탐구를 초월론적 감성론과 논리학으로 양분한 것 역시 인식의 원천은 둘뿐이라는 가설을 뒷받침한다. 그렇다면 과연 인식의 원천은 둘인가, 셋인가?

하이데거는 칸트가 때로 인식의 두 원천만을 언급하는 이

---

26 A78f./B104, A9, A115.

유는 초월론적 상상력이 인식의 원천으로서 덜 중요하기 때문이 아니라 정반대로 더욱 핵심적이고 근원적인 원천이기 때문에 단순히 감성 및 지성과 나란히 열거할 수 없었던 것이라고 본다. 초월론적 상상력은 단순히 인식의 한 원천이 아니라 두 원천을 근원적으로 합일하는 통일적 근거다. 칸트가 두 줄기의 "미지의 공통 뿌리"라 일컫는 것, 바로 그것이 초월론적 상상력이다. 초월론적 상상력은 인식의 두 원천을 그 자신으로부터 발원케 하는 근원이다. 순수직관과 순수사고의 근원은 초월론적 상상력이다. B장 전체는 이러한 주장을 뒷받침하는 해설로 이루어진다.

B. 두 줄기의 뿌리로서 초월론적 상상력

칸트가 언급한 "미지의 공통 뿌리"가 초월론적 상상력이라는 하이데거의 주장은 사뭇 과격한 해석이다. 그것을 칸트의 텍스트로부터 확증한다는 것은 불가능하다. 하지만 하이데거는 어쩌면 비유에 불과한 그 "뿌리"라는 용어에 수사적 의미 이상을 담아내고자 한다. 초월론적 상상력은 두 줄기를 자신으로부터 자라나게 하고 지탱하며, 또 계속해서 존속하게 하는 그런 것이어야만 한다. 초월론적 상상력은 자신으로부터 순수직관과 순수지성이 발원하도록 해야만 한다. 초월론적 상상력을 이처럼 파악함으로써 하이데거는 칸트의 형이상학 정초를 그 뿌리까지 파고든다. 이는 두 줄기, 곧 순수직관과 순수사고를 초월론적 상상력으로 소급함을 의미한다.

초월론적 상상력이 인식의 원천이라는 주장은 인식을 순전한 상상으로 격하시키려는 시도가 아닌가 하는 의문이 들 수도 있겠다. 하이데거는 우선 이런 의문을 물리치고자 한다. 앞서 그는 초월론적 상상력이 대상성의 지평을 형성한다고 말했다. 하이데거는 여기서 처음으로 아주 명시적으로 그 지평을 "존재이해"(KPM, 139)라고 언급한다. 바로 그렇기 때문에 하이데거의 주장은 인식을 상상이나 허구로 취급하려는 시도와 아무런 관련도 있을 수 없다. 상상력이 형성하는 지평이 곧 존재이해라면, 어떤 것이 순전한 상상인가 아니면 진짜인가라는 구별이 애당초 그 지평에서 비로소 가능해지기 때문이다. 즉 초월론적 상상력의 활동은 허구와 현실의 존재자적 구별에 앞선다.

그래서 하이데거는 상상력이 존재론적 인식의 근원이라는 자신의 해석은 경험론적 설명과 극도로 거리가 먼 것임을 강조한다. 흄과 같은 경험론자에게서도 상상력은 다른 모든 의식능력의 기원으로 설명된다. 하지만 이러한 설명은 상상력에서 비롯한 산물들, 이를테면 자아 관념, 실체 관념, 인과성 관념 등이 모두 문자 그대로 상상된 허구임을 암시한다. 하지만 하이데거가 칸트 해석을 통해 제시한 주장은 이러한 경험론적 설명과 비슷한 어떤 것도 함축하지 않는다.

나아가 이러한 경험론적 설명과의 차이는 초월론적 상상력이 마음Gemüt의 능력이나 영혼Seele의 능력이라는 칸트의 명제를 어떤 의미로 받아들여야 하는가의 문제에 부딪힌다. 하이데거는 인식의 능력을 단순히 심리학에 따라서가 아니라 "인간의 존재론적–형이상학적 본질"(KPM, 140)에서부터 해명할 수 있어야만 한다고 주장한다. 무엇보다도 초월론적 상상력은 영혼이라는 실체 내지 주체 내부에서 작용하는 힘과 같은 것이 아니다. 하이데거는 칸트가 초월론적 상상력이라고 부른 것을 더욱 근원적인 가능성들로 해체함으로써 결국 '상상력'이라는 명칭이 부적절해지게 될 것임을 예고한다. 아마도 여기서 하이데거는 '초월론적 상상력' 대신에 '근원적 시간'이나 '현존재'와 같은 명칭이 더 어울릴 만한 사태가 드러나게 될 것임을 말하고 싶은 듯하다. 끝으로 하이데거는 이렇게 근원으로 파고드는 작업은 결코 낯섦이나 기이함을 쉽사리 제거하는 식으로 이루어질 수 없을 것이라고 운을 뗀다.

28절 초월론적 상상력과 순수직관

하이데거는 28절에서 먼저 순수직관을, 29절과 30절에서 순수사고를 초월론적 상상력으로 소급한다. 순수직관은 결국 초월론적 상상력에 다름 아니라는 주장을 위해, 하이데거는 우선 서로 얽힌 두 논증을 제시한다. 첫째로, 순수직관이 공간 및 시간이라는 전체적 상을 형성하여 현시하는 작용은 초월론적 상상력에 의거한다는 것이다. 칸트는 순수직관을 "근원적 표상"이라고 일컫는다. 하이데거는 이때의 '근원적'을 이를테면 영혼이 이러한 직관을 선천적으로 타고난다는 뜻이 아니라 그것이 무언가의 근원이라는, 그래서 그 무언가를 '발원하게 한다'는 뜻으로 해석한다. 이때 그 무언가에 해당하는 것이 공간과 시간이다. 순수직관은 공간 또는 시간의 전체적 모습을 스스로 내어 주면서 수용한다. 즉 '근원적으로' 현시한다. 그러나 무언가의 전체적 상을 스스로 내어 주면서 현시할 수 있는 능력은 사실 상상력이다. 즉 순수직관이 공간이나 시간의 전체 '모습'을 스스로 내놓으면서 수용할 수 있는 것은 순수직관이 본질적으로 그 자신으로부터 '상'을 형성하면서 내어 주는 상상력이기 때문이다.

둘째로, 순수직관은 그 자체로 곧 직관된 것의 전체적 통일성을 알아보는 개관인데, 이는 여럿을 합일하는 능력인 초월론적 상상력에서만 가능하다. 앞서 보았듯이, 하이데거는 순수직관은 형식일 뿐이므로 직관되는 내용은 없다는 식의 해석은 조야한 것이라고 물리친다. 그는 이미 초월론적 감성론에 대한 해석에서 순수직관에서 직관된 것이 여럿, 곧 모든 시간 관계나 공간 관계를 아우르는 단일한 전체이며, 특정 시간이나 특정 공간이란 이 전체의 한정일 뿐임을 지적했다. 시간이나 공간은 그 다양한 부분을 한꺼번에 취합한 단일한 전체로서 미리부터 직관된다. 그 부분들의 전체적 통일성을 이처럼 미리 봄이 개관이다. 순수직관은 그 자체로 여럿을 통일적으로 취합하며 전체 모습을 현시하는 개관이다. 이러한 직관의 통일성은 물론 개념의 일반적 통일성일 수 없다. 따라서 개관에서의 통일적 합일은 지성의 종합에 근원을 둘 수 없다. 따라서 그것은 일찍이 칸트에게서 모든 종합적인 것의 근원 (A78/ B103)이라고 일컬어졌던 초월론적 상상력에서 발원할 수밖에 없다.

순수직관이 이처럼 초월론적 상상력으로 소급된다면, 시간과 공간은 상상적 성격을 가져야만 한다. 하이데거는 실제로 칸트가 순수직관에서 직관된 시간과 공간의 상상적 성격을 알아보았다고 주장한다. 그에 대한 전거로 칸트가 순수공간과 순수시간을 "상상물^{ens imaginarium}"(A291/B347)이라고 언급하는 부분을 상세히 인용하고 해설한다. 여기서 칸트는 순수직관에서 직관되는 것은 "대상이 아니"라고 말한다. 하지만 하이데거에 따르면 이는 그것이 공허한 형식이라는 뜻이 아니다. 단지 현상에서 드러나는 존재자가 아니라는 뜻일 뿐이다. 칸트도 그것이 "무언가"임을 인정한다. 즉 순수직관에서 대상이 아닌 무언가가 직관된다. 그것은 대상처럼 주제적으로 파악될 수 없다. 그러니 통상적 의미에서 직관된다고 말할 수 없다. 즉 이때 직관되는 무언가는 비주제적으로, 비대상적으로 직관된다.

　순수직관에서 직관되는 무언가는 공간과 시간의 전체적 모습이다. 이를 상상력의 개관을 통해서 언제나 미리 직관했던 덕분에, 시공간적 사물들을 경험적으로 직관할 때 공간과 시간을 주제적으로 파악할 필요가 없게 된다. 즉 하이데거의 해석은 순수직관의 초월론적 성격을 분명하게 밝혀 준다. 이는 순수직관이 초월론적 상상력에 의거함을 보여 주는 초월론적 도식론에서야 확연해진다. 그래서 하이데거는 감성론을 도식론과 따로 떼어 놓고 독해하면 참으로 불가해하며, 도식론의 관점에서 독해할 때에야 비로소 그 의미가 분명해진다고 주장한다.

　이 맥락에서 하이데거는 마르부르크학파의 칸트 해석을 비판한다. 하이데거에 따르면, 이들은 공간과 시간을 감성이 아니라 논리적 의미의 범주로 파악하고 초월론적 감성론을 논리학으로 해체해 버린다. 하이데거는 이들의 해석이 근본적으로 잘못된 것이지만, 모종의 합당한 동기에서 시도된 해석이라고 본다. 적어도 그들은 초월론적 감성론을 논리학과 따로 분리하여 해석할 때 도무지 불가해한 면이 있음을 알아보았다는 것이다. 그래서 그들은 감성론을 논리학으로 환원하고자 시도했던 것이다. 하지만 하이데거의 해석에 따르면, 앞서 살펴본 바처럼 순수직관은 지성의 종합이 아니라 초월론적 상상력의 합일에서 발원한다. 더욱이 다음 절에서와 같이 순수사고조차도 초월론적 상상력에 뿌리박고 있음이 입증된다면, 감성론을 논리학으로 해체하려는 시도는 더더욱 가당찮은 것으로 폭로되고 말 것이다.

29절 초월론적 상상력과 이론이성

이어서 하이데거는 순수지성과 이론이성이 초월론적 상상력에서 발원함을 주장한다. 이러한 주장은 순수감성에 관한 앞선 주장보다 훨씬 더 큰 난관에 부딪힌다. 순수사고가 초월론적 상상력에서 발원한다는 해석은 거의 터무니없어 보인다. 칸트는 앞서 본 바와 같이 인간학 강의에서 상상력을 직관의 능력으로 간주할 뿐만 아니라, 『비판』에서도 상상력이 "항상 감성적"(A124)이라고 말한다. 감성은 영혼의 '저급한' 능력이요, 지성은 '고차적' 능력이다. 그렇다면 어찌 '저급한' 상상력이 지성이나 이성과 같은 '고차적' 능력의 근원일 수 있단 말인가?

이러한 의문의 저변에 영혼능력에 관한 플라톤주의적이고 기독교적인 전통의 사고가 깔려 있음은 분명하다. 이러한 사고에 따르면, 영혼의 내부는 신체와 연관된 낮은 등급의 능력과 신체로부터 독립적인 높은 등급의 능력으로 분할된다. 하이데거는 영혼능력의 두 등급설에 대해 도대체 '감성적'이라고 하는 말이 무슨 뜻인가를 해설하면서 논박한다. 감성이란 유한한 직관이다. 여기서 유한성은 수용성을 뜻한다. 즉 감성은 수용하는 직관이다. 그러나 수용하는 직관이 모두 감각적 직관이나 신체적인 감관촉발일 필요는 없다. 따라서 초월론적 상상력이 감성적이라고 해서 그것을 곧장 '저급'하다고 간주할 수는 없다.

하지만 그래도 칸트에게서 사고는 언제나 직관과 날카롭게 구별된다. 감성은 저급하고 지성은 고차적이라는 식의 구분을 무시한다고 해도, 지성을 감성적 성격의 초월론적 상상력으로 소급하려는 시도는 여전히 터무니없어 보인다. 더욱이 사고를 다루는 분과학문인 논리학에서 상상력이 전혀 다루어지지 않는다는 사실 또한 지성의 독립성을 옹호한다. 판단기능으로서 사고는 상상력과 아무런 관련이 없지 않은가.

이런 의문에 대해 하이데거는 사고가 직관과 구별되는 것은 사실이지만, 이것이 둘이 별개임을 함축하는 것은 전혀 아니라고 대꾸한다. 사고 또한 직관처럼 표상의 한 종류다. 사고의 표상 성격을 간과하면 안 된다. 하이데거는 전통 논리학의 영향으로 인해서 사고가 자립적이라는 선입견이 만연하다고 지적한다. 그에 따르면, 전통 논리학이 자립적인 능력으로 간주했던 사고는 실은 단지 매우 특정한 의미의 사고일 뿐이고, 사고의 완전한 본질과는 동떨어져 있다. 판단기능으로서 사고라든가 관념으로서 순수개념들은 그저 사고의 근원적 본질로부터 인위적으로 떼어 내진 요소들에 불과하다.

순수사고란 단순히 논리적 판단 형식이 아니라 범주를 표상하는 작용이다. 하이데거는 사고를 판단이 아니라 "규칙의 능력"이라고 규정할 때 사고의 완전한 본질에 좀 더 근접한다고 본다. 사고가 규칙의 능력이라고 함은 사고가 가능한 모든 경험적 종합을 주도하는 통일 단위들, 곧 범주들을 미리부터 표상하면서 자기 앞에 견지한다는 뜻이다. 이렇게 범주들을 부단히 표상하는 자기동일적 의식이 순수사고로서 순수통각이다.

순수통각은 범주들을 표상한다. 이는 범주들을 향해 사고가 자신을 정향하는 방식이다. 이처럼 범주들의 표상작용 내지 사고작용에는 표상하고 사고하는 자신이 동반된다. 즉 사고하는 순수자아가 함께 의식된다. 그래서 칸트는 순수사고의 본질을 순수 자기의식에서 발견한다. 이는 사고에 대한 자각적인 반성작용의 수행을 의미하지 않는다. 순수사고의 자기의식은 비주제적이고 비대상적으로 남을 뿐이다.

이러한 순수자아는 때때로가 아니라 부단히 선행적으로 범주들을 사고한다. 사고하는 순수자아란 곧 '나는 실체를 사고한다.' '나는 인과성을 사고한다' 등등이다. 그러나 자아는 자신에 머무는 것이 아니라 자신을-'저기로'-정향함이다. 즉 범주들을 표상하는 순수자아는 존재자가 이 통일 단위들을 따라서 대상으로서 맞설 수 있을 지평('저기')을 형성한다. 순수자아는 '저기로의' 자기정향으로서 자신으로부터 범주들을 표상하면서 통일성 지평을 구상한다.

제2편에서 확인한 대로 이러한 통일성 지평의 구상은 초월론적 도식화에서 일어난다. 도식론에 따르면 지성이 스스

로 순수도식들을 산출하는 것은 아니다. 칸트는 분명하게 그 것들을 "산출"하는 것은 초월론적 상상력이고(A142/B181), 지 성은 다만 그것들을 "다룰" 뿐이라고(A140/B179) 말한다. 즉 순 수사고가 통일성 지평을 자발적으로 구상할 수 있도록 해 주 는 근원은 초월론적 상상력의 초월론적 도식화다. 이러한 초 월론적 상상력의 근본작용에서 비로소 지성은 통일성 지평을 구상하는 근원적 지성일 수 있다. 판단기능은 그것의 지엽적 파편에 불과하다.

하이데거에 따르면, "근원적 '사고'란 순수상상"(KPM, 151)이 다. 그는 자신의 논지가 이성의 본질 규정을 통해서 더욱 분 명해진다고 주장한다. 순수사고에 대한 앞선 논의는 모두 지 성을 주제로 삼았다. 하이데거는 이제 논의의 초점을 이론이 성으로 옮겨 동일한 논지를 제시하고자 한다.

우선 그는 지성과 이성을 별개의 능력으로 간주하는 관행 을 거부한다. 형식 논리학은 지성을 판단기능으로, 이성을 판 단과 판단 간의 추론기능으로 구별한다. 이에 반하여 하이데 거는 이러한 구별이 형식적인 것에 불과하다고 본다. 그에 따 르면 사고는 지성이자 이미 또한 이성이다. 순수지성은 자신의 범주에서 가능한 사고의 방식 전체를 포괄한다. 즉 순수지성은 이미 전체성의 표상을 함축하지 않을 수 없다. 이러한 표상이 이성의 개념, 곧 이념의 구상에서 구체화된다. 그러니 순수지성은 본질적으로 이념의 능력인 이성의 성격을 가질 수밖에 없다. 지성이 일관된 맥락에 따라서 사고를 전개할 수 있는 것도 지성이 이미 전체의 형식을 표상하는 이성의 성격을 지니기 때문이다.

칸트에게 이념이란 경험에서 달성할 수 없는 완전성의 개념이다. 범주, 곧 존재론적 술어의 사용 권한을 경험 가능성으로 한정하는 연역의 결론에 따라서 이념의 대상을 객관적으로 실재한다고 여기고 그것의 인식을 주장하는 것은 잘못이다. 그래서 특히 초월론적 이념이라고 불리는 자유, 신, 불멸성 등을 인식한다고 주장하는 모든 전통 형이상학은 월권이다. 칸트는 이때 이념은 '구성적' 개념으로 간주되었다고 표현한다. 반면에 비록 실제로 그 이념의 완전성을 달성할 수 없다고 할지라도, 그것의 표상은 실제의 인식이 그것에 최대한 근접하도록 이끌어 주는 체계적 지침이자 사고의 거시적 규칙으로서의 역할을 할 수 있다. 칸트는 이때의 이념을 '규제적' 개념으로 파악된 것이라고 부르며, 이러한 이념의 사용을 적법한 것으로 간주한다.

칸트는 이념, 더 정확히는 이상이 "규칙 및 근원상Urbilde의 역할을 한다"(A570/B598)고 진술한다.[27] 이성은 사고된 바를 전체적으로 표상하기 위해 그 전체적 상을 자유로이 구상한다. 이성의 '근원상'은 사고를 완성하기 위한 규칙, 사고를 정합적이고 통일적인 방향으로 이끌어 주는 규칙과 같이 기능한다. 하이데거에 따르면, '근원상'의 구상이 바로 초월론적 상상력의 근본작용이다. 물론 칸트는 이성의 이상이 화가의 머릿속 상상과는 거리가 멀다고 지적한다.[28] 하지만 하이데거는 이러한 지적은 이상이 경험적 상상력의 소산이 아님을 의미할 뿐이지, 초월론적 상상력을 배제하지는 않는다고 주장한다. 그에 따르면 초월론적 상상력은 사고 가능한 것의 전체를 미리 내다보고 구상하여 기획한다. 그 산물이 바로 이성의 이상,

---

27 칸트는 이념(Idee)과 이상(Ideal)을 미묘하게 구별한다. 이상은 개별자로 이해된 이념이다. 가령 칸트에게 덕은 이념이고, 덕을 개별적으로 구체화한 인물, 곧 덕의 화신인 현자는 이상이다. 이념이 규칙의 역할을 한다면, 이상은 근원상의 역할까지 한다. A569/B597 참조. 이상은 이념의 상이라고 표현해도 무방할 것이다.

28 A570/B598.

곧 '근원상'이다.

하지만 직관을 수용성과, 사고를 자발성과 동일시하는 칸트의 일관된 설명에 따르면, 사고를 상상력으로 돌리려는 시도는 여전히 난관에 부딪힌다. 이미 앞서 논한 대로 상상력은 직관의 능력으로서 수용적이면서도 자유로이 상을 구상한다는 점에서 자발적이다. 사고가 근원적으로 초월론적 상상력으로 밝혀지려면, 사고가 이처럼 자발적이면서도 수용적이어야만 한다. 지성이나 이성이 자발적인 것은 분명하지만, 어떤 의미에서 수용적일 수도 있단 말인가?

이에 대하여 하이데거는 직관은 수용적이고 사고는 자발적이라는 이분법은 경험적 직관과 논리적 판단기능으로서 사고에 한해서만 타당할 뿐이라고 지적한다. 반면에 순수직관과 순수사고는 모두 양가성을 지닌다. 연역과 도식론에 대한 해설에서 보았듯이, 순수지성은 직관의 성격을 가진다. 그것은 합일을 이끄는 통일 단위들을 도식 속에서 '자발적으로' 표상하면서도 그것들에 자신을 종속시키는 식으로 그것들을 '수용한다.' 통각으로서 순수사고는 범주들을 스스로 표상함과 더불어 그 표상된 바를 받아들이면서 그것의 구속력을 자신에게 부과한다. 순수지성은 스스로 종합의 규칙을 세우고 다시 그 규칙을 수용하여 표상한다. 마찬가지로 이성 또한 사고된 바의 전체를 미리 구상하는 이념에 따라서 표상의 규칙을 수립하면서 동시에 받아들인다. 이런 의미에서 이성 또한 수용적이다.

순수사고는 자발적이다. 하지만 수용적으로 자발적이다. 순수사고의 수용적 자발성은 순수직관의 수용적 자발성과 마찬가지로 초월론적 상상력에 그 근원을 둔다. 하이데거는 나아가 바로 이런 수용적 자발성에서 자유가 성립한다고 주장한다. 순수사고는 범주들의 도식화에 따라 대상성의 지평을 자유로이 구상하면서 거기에서 동시에 "강제성"을 마주한다. 그리고 스스로 세운 규칙의 필연성에 자신을 구속한다. 칸트에게 자유란 이처럼 자기입법적인 이성의 자유다. 이로써 하이데거는 실천이성까지 초월론적 상상력으로 소급하려는 시도를 예비한다.

30절 초월론적 상상력과 실천이성

칸트에게 이론이성과 실천이성은 하나의 이성이다. 이론

이성에서 이미 자유의 성격이 확인될 수 있었던 것도 그 때문이다. 따라서 자발적으로 수용적인 성격의 이론이성이 자신의 뿌리를 초월론적 상상력에 둔다면, 실천이성 역시 마찬가지일 수밖에 없다. 하이데거는 이처럼 간단한 논증에 따라 실천이성이 초월론적 상상력에서 발원함이 입증된다고 본다. 하지만 이는 현상학적으로 불충분하다. 현상학적으로 중요한 것은 실천이성의 본질을 해명함으로써 동일한 결론에 도달하는 것이다. 실천이성이란 칸트에게 도덕적 자아다. 그래서 하이데거는 우선 ① 도덕적 자아의 본질을 규명하고, 이어서 ② 그것이 어떻게 초월론적 상상력으로 소급되는가를 해명한다. 칸트의 실천철학에 대한 하이데거의 현상학적 해석은 그 자체로 무척 흥미롭다.[29]

① 칸트는 도덕적 자아를 인격이라고 부른다. 인격의 본질은 다시 도덕 법칙에 대한 존경에 있다. 그런 존경이야말로 도덕 법칙의 수용을 가능하게 해 준다. 그런데 앞서 보았듯,

---

29 칸트의 실천철학에 대한 하이데거의 더욱 상세한 해석은 1930년 여름학기 강의에서 발견된다. GA 31 참조.

칸트의 통각론에 따르면 자아의 본질은 자기의식에 있다. 따라서 도덕적 자아도 모종의 자기의식이어야만 한다. 도덕적 자아의 본질이 도덕 법칙에 대한 존경에 놓이므로, 이러한 존경은 모종의 방식으로 자기의식이어야만 한다. 어떤 방식으로 도덕 법칙의 존경이 자기의식이란 말인가?

하이데거는 존경이 칸트에게 일종의 감정임에 주목한다. 감정은 물론 감성에 속한다. 하지만 그렇다고 해서 감정이 꼭 신체적 상태로서 감관의 촉발에 의거할 필요는 없다. 존경이라는 감정은 순수한 감정, 곧 스스로 일으켜진 감정이다. 하이데거는 여기에 착안하여 존경이 어떤 방식으로 자기의식인지 해명하고자 한다.

하지만 그에 앞서 하이데거는 감정에 관한 경험론적 선입견을 깨기 위해서 감정 일반의 본질을 존재론적으로 규명한다. 감정이란 본디 자신을 느끼는 것이다. 대표적으로 쾌락도 그렇다. 얼핏 쾌락은 순전히 바깥을 향하는 것처럼 보인다. 하지만 쾌락이란 인간이 무언가에 대해 스스로 즐기는 방식이다. 무언가를 즐기는 자신을 느끼는 것이 쾌락이다. 그래서 하이데거는 감정의 일반적 구조가 두 계기로 이루어진다고 본다. 즉 "감정이란 [첫째로] 무언가에 대해 느낌을 가짐이자 동시에 [둘째로] 느끼는 자가 자신을 느낌"(KPM, 157)이다. 그러므로 자신을 느낌으로서 감정은 어떤 식으로든 자기를 드러낼 수밖에 없다.

존경 또한 감정의 일반적 구조를 공유해야만 한다. 따라서 첫째로, 감정으로서 존경은 도덕 법칙에 대한 존경이다. 존경의 감정에서 우리는 도덕 법칙에 이르는 통로를 얻는다. 존경의 감정이란 도덕 법칙이 온전히 법칙으로서 우리에게 마주하는 방식이다. 둘째로, 감정으로서 존경은 존경을 느끼는 자가 스스로 자기를 느낌이기도 하다. 이성이 법칙을 존경한다는 것은 그것이 오로지 법칙만을 자기 행위의 규정 근거로 삼는다는 뜻이요, 이는 다시 이성이 어떠한 사익에도 휘둘리지 않고 자유로이 자신에게 법칙을 부과하여 스스로 거기에 자신을 구속시킨다는 뜻이다. 이러한 이성이 곧 인격이다. 칸트는 도덕 법칙에 대한 존경만이 아니라 인격에 대한 존경을 말한다. 하이데거에 따르면, 이는 법칙에 대한 존경이 또한 동시에 인격으로서의 자기 자신에 대한 존경일 수밖에 없음을 뜻한다. 존경의 감정에서 법칙을 존경하는 자신을 느낀다는 것은 자신을 인격으로서 드러낸다는 것이요, 그러한 인격을 스스로 존경한다는 것이다.

법칙을 존경한다는 것은 그러한 법칙에 자신을 종속시킨 다는 뜻이다. 존경의 감정 구조에는 이런 자기종속이 깔려 있 다. 또한 법칙을 존경한다는 것은 이기적 충동이 아니라 순수 이성으로서의, 곧 인격으로서의 자신에게 자신을 종속시킨다 는 것이다. 이러한 자기종속은 역설적이게도 특유한 자기고 양이다. 존경의 감정에서 나는 나 자신을 자유로운 인격으로 고양한다. 하이데거는 칸트가 말하는 인격의 존엄성을 바로 이러한 자기고양에서 발견한다. 즉 존경의 감정에서의 자기 종속적 자기고양이 자아를 존엄한 인격으로 드러낸다.

존경의 감정에서 자아는 인격으로서 자신을 존경한다. 하 이데거는 앞서 존경이 어떤 방식으로 자기의식인가를 물었 다. 답은 간단하다. 존경이란 자신을 인격으로서 의식함이다. 존경의 감정에서 자아는 자기를 법칙을 존경하는 인격으로서 의식하면서 자기를 존경한다. 다만 하이데거는 여기서 "자기 의식"보다 "자기존재"라는 용어가 더 어울린다고 본다.[30] 그는 존경을 "자기 자신에 대해 자기가 책임지는 방식, 본래적인 자기존재"(KPM. 159)라고 규정한다. 존경의 감정에서 인격으로서의 자신이 자신에게 드러나지만, 이러한 드러남은 자기의식이라고 하기에는 너무도 근원적이어서 비대상적이고 비주제적으로 남을 뿐이다. 그런 이유에서 하이데거는 존경의 감정에서의 자기책임을 자기의식 대신 자기존재, 곧 본래적인 자기존재라고 부른다.

② 존경 감정에 대한 이상의 해석으로 실천이성의 본질이 해명되었다. 실천이성의 본질은 법칙을 자유로이 자신에게 부과하면서 거기에 자신을 종속시키는 방식으로 자신의 본래적 자기(곧 인격)로 있는 것이다. 존경의 감정이 도덕적 감정이자 자기 실존에 대한 감정이라는 것, 즉 도덕 법칙에 대한 존경일 뿐만 아니라 동시에 자신의 본래적 자기에 대한 존경이라는 것, 여기에서 실천이성의 양가성이 확인된다. 즉 실천이성은 한편으로 법칙에 자신을 종속시킨다는 점에서 순수 수용적이다. 하지만 동시에 법칙을 자유로이 자신에게 부과한

---

30 그 배경에는 자기의식보다 자기존재가 더 근원적이라는 하이데거의 지론이 있을 것이다. KPM, 150.

다는 점에서 순수 자발적이다. 이 둘은 실천이성에 근원적으로 합일되어 있다.

하이데거는 실천이성의 양가성으로부터 곧장 자신이 원하는 결론을 끌어낸다. 순수 자발성과 순수 수용성의 근원적 합일이라는 초월의 구조는 순수직관과 순수통각에서 이미 초월론적 상상력을 근거로 확인했던 바다. 하이데거는 동일한 구조가 실천이성에서도 확인된다는 사실에서 실천이성 또한 근원적으로 초월론적 상상력이라는 점이 충분히 입증된다고 본다. 물론 이러한 하이데거의 논증에 대해서는 논쟁의 여지가 다분해 보인다.

31절 정초된 근거의 근원성, 그리고 초월론적 상상력에 대한
    칸트의 회피

이상의 해석에 따르면, 순수직관, 순수통각, 이론이성, 실천이성은 모두 초월론적 상상력에 그 뿌리를 둔다. 인간의 본질구성틀 자체가 초월론적 상상력에 근원을 둔다는 것이다. 물론 이는 칸트 자신의 주장은 전혀 아니다. 하지만 칸트는 『비판』 서두에서 두 줄기의 인식원천이 "미지의" 공통 뿌리에

서 나온다고 명시했다. 하이데거에 따르면, '미지'는 본래 단순히 그에 관해 아무것도 모른다는 뜻이 아니다. 미지의 것을 마주하면서 칸트는 그에 관해 뭔가 알아갈수록 동시에 불안정하게 하는 무언가를 감지하지 않을 수 없었다. 하이데거는 이것이 칸트가 초월론적 상상력을 모든 인식원천의 뿌리로서 해석하는 작업을 감행하지 않았던 이유라고 설명한다.

하이데거에 따르면, 칸트는 그런 근원적 해석을 단순히 안 했던 것이 아니라 '회피'했다. 칸트는 '미지의' 뿌리를 목도하고서도 그것이 주는 불편 탓에 그것을 피했다. 칸트는 초판에서 초월론적 상상력이 순수직관과 순수사고를 종합하는 순수인식의 중심임을 분명하게 알아보았다. 이때 칸트는 말하자면 초월론적 상상력에 상당히 다가갔던 셈이다. 하지만 재판에서 칸트는 그 뿌리를 향해 더 파고들기는커녕 오히려 뒤로 한참 물러난다. 초월론적 상상력은 재판에서 감성과 지성의 근원이기는커녕 지성의 부속물 정도로 격하되고 만다.

하이데거는 상상력이 감성 및 지성과 동등한 인식능력임을 보여 주던 구절들이 재판에서 대거 삭제되고 사실상 지성으로 흡수 통합됨을 보여 주는 구절들이 새로 추가되었음을 여러 인용을 통해 보여 준다. 특히 인상적인 점은 칸트가 상상력을 "영혼의 불가결한 기능"(A78/B103)이라고 언급했던 구절에서 "영혼의" 부분을 자신의 소장본에서 수기로 "지성의"로 대체하였다는 것이다. 즉 상상력 자체가 지성의 기능이 되고 만다. 이러한 변화에 따라서 상상력이 중심적 역할을 하던 장를, 특히 연역은 거의 완전히 새로 쓰일 수밖에 없었다. 불편하게 만드는 미지의 것으로서 상상력이 연역을 고쳐 쓰게 만들었던 셈이다.

이러한 회피를 통해 이제 상상력은 독자적 능력이 아니라 지성의 능력에 부속하는 하나의 기능으로 전락한다. 그 기능이란 물론 종합, 그러나 감성과 관계할 때에 한해서의 종합이다. 재판에서도 상상력은 종합의 역할을 맡는다. 하지만 상상력은 지성이 감성에 작용하는 식으로 종합을 성취할 때의 명칭일 뿐이다. 감성과 관련하여 종합을 성취할 때 지성은 상상력이라고 불린다. 감성과 관련되지 않은 종합의 경우에는 그저 지성이라고 불린다. 결국 모든 종합의 원천은 지성이다. 특정한 종류의 종합에서 지성이 상상력이라는 이름으로 불릴 뿐이다.

이처럼 칸트가 재판에서 초월론적 상상력을 회피했다면, 그는 왜 그랬던 것일까? 답변에 앞서 하이데거는 초판의 서문에서 칸트가 연역의 '객관적' 측면과 '주관적' 측면을 언급하고, 객관적 측면의 분석에 자신의 주목적이 있었음을 밝히는 부분에 주목한다. 연역의 객관적 측면이란 대상성의 지평을 규명함으로써 초월론적 인식의 본질을 해명하는 작업을 가리킨다. 하지만 대상성의 지평은 순수주체가 그리로 초월함으로써만 형성될 수 있다. 이러한 초월에 개입하는 주관의 능력을 분석하는 것이 연역의 주관적 측면이다. 이는 곧 "초월하는 주체의 주체성에 대한 물음"(KPM, 165)이다. 주관적 측면의 분석에서 순수지성을 비롯하여 여러 인식원천의 본질이 규명될 수 있었을 것이다. 하지만 칸트에게 주관적 측면의 분석은 단지 제한적으로만 이루어진다. 물론 연역의 객관적 측면과 주관적 측면은 서로 깊이 얽혀 있다. 대상성의 지평이란 또한 주체의 초월 지평이기 때문이다. 그렇지만 칸트는 연역의 주목적인 객관적 측면의 분석에 필요한 정도까지만 주관적 측면을 다루겠다고 한다. 그는 스스로 "지성과 이성이 모든 경험에서 벗어나 무엇을 얼마나 인식할 수 있는지가 항상 주된 물음이고 사고하는 능력 자체가 어떻게 가능한지는 주된 물음이 아님"(AXVIff.)을 분명하게 밝힌다.

이러한 언급으로부터 하이데거는 칸트가 형이상학 정초를 그 주관적 측면에 따라 더욱 근원적으로 완성하는 길이 또한 있었음을 알았던 것이라고 추측한다. 즉 칸트는 그와 같은 길을, 즉 "주체의 주체성의 본질의 초월론적 규명이라는 과제"(KPM, 16)를 알았고, 그러한 과제에서 지성이 어떠한 인식능력에서 비롯하는지를 밝힐 수도 있었을 것이다.

하지만 칸트는 주체성의 본질을 규명하는 과제를 수행하지 않았다. 하이데거의 견지에서 말하자면, 만일 그가 주체성의 본질을 끝까지 철저하게 규명하는 작업을 완수했다면 그는 상상력을 모든 인식능력의 근원으로 밝혀낼 수 있었을 것이다. 하지만 칸트는 그러한 작업 대신에 주체성에 대하여 당대 인간학이나 심리학이 제공한 관념의 수준에 머물고 말았다. 하이데거의 추측에 따르면, 이것이 '회피'의 결정적 배경이 되었다. 그러한 학문에서 전승된 주체성 관념에 따르면 상상력은 감성 내부의 저급한 능력일 뿐이다. 아무리 칸트가 연역과 도식론에서 순수 상상력의 본질을 통찰했다고 해도, 그것만으로 상상력은 저급한 능력에 불과하며 따라서 지성이나 이성과 같은 고차적 능력의 원천일 수 없다는 기존의 선입견을 뿌리칠 수는 없었다. 나아가 칸트는 기존의 주체성 관념을 고수하면서 로고스의 위상을 받아들이고 논리학에 주도권을 넘겼기 때문에 상상력을 위한 자리를 마련할 수 없었다.

만일 주체성의 본질을 초월론적으로 규명하는 작업이 성사되었다면, 초월론적 상상력은 완전히 새로운 역할과 위상을 받았을 것이다. 그리고 전승된 주체성 관념은 해체될 수밖에 없었을 것이다. 하지만 그렇다면, 즉 이성의 자리에 상상력이 들어서서 그것이 주체성의 본질로 밝혀진다면, 결정적으로 '순수이성비판'이라는 기획 자체가 뒤흔들릴 수밖에 없다. 하이데거에 따르면, 바로 이것이 칸트가 미지의 뿌리 앞에서 마주한 '불편함'의 핵심이다.

순수이성은, 즉 온갖 경험적인 것에 대해 순수 선험적인 것을 지켜내는 이성은 도덕철학을 일신하려는 칸트의 철학적 의도에서 결정적으로 중요했다. 온갖 대중철학적 도덕론을 물리치고 "윤리 형이상학"을 정초하려던 그의 기획에서 주체성의 본질은 인격성에, 곧 순수이성에 놓여야만 했다. 주체성의 뿌리가 상상력에 놓인다는 발상은 그 불명료한 암시만으로도 그런 모든 기획을 불안정하게 뒤흔드는 것으로 여겨질 수밖에 없었다. 감성적 능력으로서, 그것도 인간에 특유한 능력으로서 상상력은 보편적인 순수 도덕을 마련할 수 없었다.

칸트는 재판에서 상상력을 밀어내고 순수사고에 우위를 둠으로써 인간 개념과 꼭 일치할 필요가 없는 유한한 이성 존재자 개념을 마련한다. 이로써 유한성의 문제가 더 포괄적으로 제기되는 셈이다. 혹자는 이러한 수정을 개선으로 평가할 수도 있을 것이다. 그러나 하이데거는 칸트에게 형이상학 정초가 어디까지나 인간 본성에 속하는 형이상학의 문제에서 출발했음을 상기시킨다. 정초의 문제는 애당초 인간 본성의 유한성에서 출발했다. 그렇다면 재판은 그만큼 본래의 정초 문제에서 후퇴하는 셈이다. 이것이 하이데거가 초판을 더 높이 평가하는 이유다.

C. 초월론적 상상력과 인간적 순수이성의 문제

다음 과제는 칸트가 '회피'했던 바로 그 작업이다. 즉 초월론적 상상력을 근거로 유한한 주체의 주체성, 곧 유한한 이성의 본질을 규명하는 것이다. 우선 하이데거는 칸트에게서 형이상학 정초의 문제는 명백히 인간 주체성의 유한성에 초점이 맞춰져 있음을 재차 확인한다. 형이상학 정초에서 핵심적인 초월의 구조에서는 항상 인간에게 특유한 유한성이 문제가 된다. 즉 존재자를 받아들여야만 하는 처지의 직관, 곧 감성이 문제가 된다. 초월 그 자체는 감성적이다. 따라서 초월하는 인간 주체로서 유한한 순수이성 존재자는 그 자체로 감성적이어야만 한다. 즉 "인간적 순수이성은 필연적으로 순수감성적 이성이다."(KPM, 172) 하이데거는 물론 '순수감성적 이성'이 "터무니없는 개념"(KPM, 187)으로 들릴 수 있음을 잘 안다. 하지만 그는 그러한 개념의 정당화가 칸트가 회피했던 작업, 곧 유한한 인간 주체성의 현상학에서 필수적이라고 본다.

하이데거는 앞선 논의의 연장선상에서 초월론적 상상력이 인간 주체의 존재구성틀 전체를 통일하는 근거임을 보이고자 한다. 인간 주체성이 순수감성적 이성이라면, 초월론적 상상력은 순수감성적 이성과 같은 것을 형성하는 근거여야만 한다. 달리 말해서, 인간 주체성 전체가 초월론적 상상력에 기초한다면, 그것은 인간 주체성을 구성하는 순수감성과 순수 이성을 통일하는 근거여야만 한다. 이는 초월론적 상상력이 시간(곧 순수감성)을 순수사고와 통일하는 근거여야만 함을 뜻하는 것이기도 하다.

이하에서 하이데거는 칸트에게서 초월론적 상상력이라고 불리는 것을, 지금 계열로서의 시간을 형성하는 근원적 시간으로 파악하면서, 그것이 유한한 인간 주체의 본질에 다름 아니라고 주장한다. 종국에 하이데거는 더는 초월론적 상상력이라는 명칭을 고수하지 않으면서 유한한 인간 현존재의 존재구성틀을 근원적 시간과 관련하여 분석하는 자신의 철학적 기획으로 이행한다.

32절 초월론적 상상력의 시간과의 관계

초월론적 상상력은 이미 28절에서 순수직관의 근원으로서 설명되었다. 보편적 순수직관이 곧 시간이므로, 시간이 초월론적 상상력에서 발원한다는 것은 이미 입증된 셈이다. 하지만 하이데거는 시간이 과연 어떻게 해서 초월론적 상상력에 근거를 둔다는 것인지를 현상학적으로 분석할 필요가 있다고 본다.

인간에게 직관한다는 것은 받아들인다, 수용한다는 뜻이다. 순수직관에서 직관되는 것, 곧 수용되는 것은 지금 계열의 순수한 연속으로서 시간이다. 순수직관에서 수용되는 것은 경험적 직관에서와 달리 현존하는 것일 수 없다. 지금 계열과 이 계열에서 형성되는 시간 지평은 현존하는 것이 아니다. 어쩌면 최소한 "지금의 지금", 즉 바로 다가올 지금('곧')이나 막 지나간 지금('방금')이 아닌 현재의 지금만큼은 현존하는 것으로서 순수직관에서 수용되지 않는가라고 생각할 수도 있다. 하지만 어떠한 지금도 '곧', 그리고 '방금'과의 끊임없는 연속성 속에서만 지금일 수 있다. 이를 고려한다면, 엄밀히 말해 순수직관에서 그저 '지금의 지금'만 현재의 것으로 수용하는 일은 있을 수 없다.

또한 순수직관은 경험적 직관과 달리 수용되는 것을 스스로 형성한다. 순수직관은 '지금의 지금'을 바라보면서 그것의 '곧'을 미리 보고, 또 그것의 '방금'을 되돌아보는 식으로 지금의 계열 및 시간 지평을 형성한다. 하이데거는 순수직관이 이러한 시간 계열을 형성하면서 수용하는 것은 그것이 근원적으로 순수 상상력이기 때문이라고 주장한다. 현재, 과거, 미래를 합일적으로 형성하면서 지금 계열의 연속이라는 시간의 상을 마련하는 근원은 순수 상상력이다.

하이데거는 칸트의 형이상학 강의에서 그런 주장을 뒷받침할 만한 전거 하나를 제시한다. 여기서 칸트는 상상력Einbildungskraft 대신에 "구상능력Bildungsvermögen"이라는 용어를 사용하면서 이것이 현재, 과거, 미래의 표상을 산출한다고 말한다. 즉 구상력이 시간 자체를 구상한다. 앞서 순수직관이 지금 계열의 순수한 연속을 형성하면서 수용한다고 하였는데, 칸트는 형이상학 강의에서 세 계기의 시간 표상을 산출하는 능력을 구상력이라고 밝힌다. 이는 순수직관에서 지금 계열의 연속을 형성하는 능력은 본래 구상력, 곧 초월론적 상상력에 다름 아니라는 뜻으로 해석될 수 있다. 그렇다면 초월론적 상상력은 지금 계열로서 시간을 발원하게 하는 근원으로 밝혀지는 셈이다. 이것이 결국 하이데거가 하려는 주장이다. 하지만 그는 칸트의 소략한 진술에서 이를 끌어내기는 아무래도 무리일 것이라고 시인하면서 이하에서 자신의 논의를 더 보강하고자 한다.

33절 초월론적 상상력의 내적 시간성격

만일 상상력이 지금 계열로서 시간의 근원이라면, 시간은 종합과도 어떤 관련이 있어야만 할 것이다. 칸트는 초판에서 분명하게 상상력을 종합 능력이라고 명명했으니 말이다. 하이데거는 시간이 상상력의 종합과 어떤 관계인지를 규명하고자 『비판』에서 "경험 가능성을 위한 선험적 근거"라는 제목을 단 부분(A95ff.)을 집중적으로 해설한다. 거기에서 칸트가 종합의 다양한 방식을 상세히 논하기 때문이다.

칸트는 세 소절에서 각각 세 종합 방식을 논한다. 첫째는 "직관에서의 포착의 종합", 둘째는 "상상에서의 재생의 종합", 셋째는 "개념에서의 재인의 종합"이다. 여기서 확인되는 세 종합 양상은 일단 직관, 상상력, 지성이라는 인식의 세 요소에 상응하는 것으로 보인다. 하지만 하이데거는 여기서 앞서 칸트의 형이상학 강의를 통해 제시한 시간의 근원으로서 상상력이라는 명제를 보강하고자 한다. 그에 따르면, 세 종합 양상은 모두 상상력의 소산으로서 현재, 과거, 미래라는 세 시간계기의 형성에 상응한다.

하이데거는 각 소절에 대한 해설을 진행하기에 앞서 몇 가지 지침을 제시한다. 첫째로, 칸트가 "포착의 종합", "재생의 종합", "재인의 종합"을 말할 때의 소유격 '의'는 목적격도 주격도 아니라 동격의 의미다. "포착의 종합"을 예로 들자면, 이는 포착'을' 종합하는 것도, 포착'이' 종합하는 것도 아니라, 포착 자체가 종합 성격을 가진다는 뜻이다. 달리 말해서 포착으로서의 종합, 포착 양상에서의 종합을 뜻한다. 둘째로, 칸트의 논의는, 역시 포착의 종합만 예로 든다면, 우선 경험적 직관에서의 경험적 포착을 예비적으로 다룬 후 순수직관에서의 순수포착을 분석하는 순으로 진행된다. 또한 이 둘은 별개가 아니라 순수포착이 경험적 포착의 가능 근거인 그런 관계에 있다. 셋째로, 종합의 세 양상에 대한 해석의 목표는 그 셋이 내적으로 결합하여 하나의 전체를 이룬다는 것을 설명하는 것이다. 넷째로, 직관, 상상, 사고 등은 모두 표상작용으로서 내감 형식인 시간에 종속되는데, 그것들이 또한 삼중적으로 통일적인 종합에 의해 규정된다면, 이 종합의 삼중적 통일성 자체가 시간성격을 가져야만 하리라는 것이다. 이하에서 하이데거가 제시하려는 주장을 우선 다음과 같이 도표화할 수 있다.

경험적 직관에서의 경험적 포착 → 순수직관에서의 순수포착	상상력의 현재 형성	근원적 시간
경험적 상상에서의 경험적 재생 → 순수상상에서의 순수재생	상상력의 과거(기재) 형성	
경험적 개념에서의 경험적 재인 → 순수개념에서의 순수재인	상상력의 미래 형성	

a) 순수포착으로서 순수종합

경험적 직관에서 직관된 모습에는 항상 여러 인상이 포함된다. 여럿이란 하나, 하나가 연속하여 합쳐진 것이다. 칸트에 따르면 그 하나, 하나의 인상에는 각각의 지금, 지금이 대응한다. 지금 이것, 지금 저것 하는 식으로. 개개의 인상을 가로질러서 취합함으로써 여럿을 수용하는 직관의 근저에는 '지금, 지금, 지금'을 부단히 말하는 시간 분별이 깔려 있다. 이러한 시간 분별 속에서 개개의 인상들을 단번에 수용하여 움켜쥐는 종합이 성취된다. 경험적 직관은 그 자체로 이런 종합, 곧 경험적 포착이다. 경험적 포착이란 "지금 계열의 연쇄라는 지평에서 제공된 인상들에서 매번 하나의 모습(상)을 '말 그대로' 떼어 내는"(KPM, 180) 것이다. 경험적 포착이란 여러 인상에서 하나의 상을 수용하는 직관 방식이다.

순수포착이란 이러한 경험적 포착이 이루어지는 지평, 곧 지금의 계열을 잇달아 형성하는 종합이다. 순수포착 없이 순수시간의 표상, 곧 순수직관은 불가능하다. 순수직관은 자신으로부터 지금, 지금, 지금을 모두 하나로 종합하여, 즉 순수포착을 통해 지금 계열을 산출하면서 수용한다. 이와 관련해 하이데거는 1927/28년 강의에서 훨씬 상세한 해설을 제공한다. "순수시간 직관은 순전히 서로 단적으로 무관한 지금들의 단적으로 토막난 파악이 아니다. 오히려 지금으로서 각 지금은 이미 그러한 것으로서 직관되기 위해서 어떤 취합을 요구한다. … 그것[취합, 곧 순수포착]은 더는-지금이-아님으로서 '방금'과 아직-지금이-아님으로서 '곧'을 바로 각각 하나의 지금으로 합일한다. 즉 '지금'이라는 시간현상은 그 자체로 결코 절대적인, 고립된, 단순한 요소가 아니라 그 자체로 여럿이다. 순수시간 직관은 그 자체로 여럿의 특유한 포집을, … 순수포착이라는 의미에서의 근원적인 순수종합을 담지한다."[31]

경험적 직관이 지금에 현재하는 존재자를 향한다면, 순수 포착은 그 현재 자체를 향하면서 시간을 형성한다. 칸트는 이 러한 포착이 상상력의 활동임을 명시한다. 순수포착은 초월론적 상상력의 한 양상이다. 순수포착이 시간을 형성한다는 점에서 초월론적 상상력은 시간성격을 가진다. 초월론적 상상력은 이미 순수직관에도 개입한다. 그렇다면, 칸트가 상상을 직관 및 사고와 나란히 열거하였을 때, 그 상상은 초월론적 상상력과 동일시될 수 있는 것이 아니라는 뜻이다.

b) 순수재생으로서 순수종합

또 다른 종합 양상은 재생이다. 경험적 표상에서 이루어지는 재생에 관해 칸트는 몇 가지 예시를 든다. 하나는 붉은 실을 보고서 예전에 봤던 진사辰砂를 떠올리는 것이다. 또 하나는 선을 그으면서 앞서 그었던 선의 부분을 남은 부분을 그을 때도 계속 마음속에 붙드는 것이다. 하이데거에 따르면, 이처럼 이전에 지각된 존재자를 그 대상이 현재하지 않아도 표상

---

31 GA 25, 347.

하는 것, 곧 재현재화Vergegenwärtigung가 칸트에게서 상상이라고 불린다. 경험적 재생에서 종합이란, 이전에 표상했던 존재자를 상상 속에서 재생하여 지금 지각된 존재자와 함께 표상하는 것이다.

이러한 경험적 종합에는 이전에 경험했던 존재자를 놓치지 않고 간직하는 능력이 포함된다. 그런데 이를 위해서는, 경험적 포착에서 시간 분별이 미리부터 요구되었듯이, 어떤 시간 분별이 필요하다. 즉 '이전에', '그 무렵에'와 같은 것을 미리 분별할 줄 알아야만 한다. 즉 경험적인 재생적 종합이 가능하려면, 모든 경험에 앞서서 '더는 지금이 아닌 것'을 다시 불러와 '지금의 지금'과 합일하는 종합이 미리 이루어져야만 한다. 이것이 순수재생적 종합이다. 이전의 지금을 지금의 지금까지 붙드는 종합, 곧 순수재생적 종합이 경험적 재생적 종합의 근저에서 항상 이미 일어난다.

순수재생적 종합은 순수 상상력의 소관이다. 순수 상상력의 재생적 종합은 지금의 지금이 막 '더는 지금이 아닌 것'이 되었음을 새로운 지금 속에서 간직한다. 그렇게 '이전에'의 지평을 형성하여 열어 둔다. 순수 상상력이 포착의 종합에서 현재를 향했다면, 재생의 종합에서는 기재Gewesenheit('있었음')를 향하는 식으로 시간을 형성한다.

그런데 그 두 종합은 별개가 아니라 순수 상상력의 활동으로서 본질적으로 하나다. 기재의 형성은 홀로 따로 성립할 수 없고 본질적으로 현재의 형성과 합일적이다. '이전에'의 지평을 형성하는 것은 '이전에'를 매번 현재와 합일하는 식으로 이루어질 수밖에 없다. '이전에'의 지평은 그것이 현재와 더불어 하나의 시간 계열을 이루는 식으로만 '이전에'일 수 있다. 그래서 하이데거는 단순히 끝난 과거를 가리키는 표현 ―Vergangenheit― 대신에 '이전에'가 지금까지 남음을 함축하는 뉘앙스의 표현 ―Gewesenheit― 을 사용한다.

기재가 본질적으로 현재와 합일적이라고 함은 기재를 형성하는 순수재생적 종합이 현재를 형성하는 순수포착적 종합과 본질적으로 합일적이라는 뜻이다. 순수포착의 편에서도 마찬가지로, 현재의 형성은 따로 성립할 수 없고 본질적으로 기재의 형성과 합일적이어야만 한다. 매번의 지금은 또한 이미 '더는 지금이 아닌 것'이다. 그래서 순수포착은 현재를 향하여 매번의 지금을 연이어 포착하면서도 더는 지금이 아닌 것을 그러한 것으로서 함께 간직할 수 있어야만 한다. 즉 순수재생에 따른 기재의 형성과 합일적이어야만 한다.

순수 상상력의 활동이란 포착적 종합에서의 현재 형성 및 재생적 종합에서의 기재 형성의 합일적 활동이다. 두 시간 계기를 형성하는 두 종합 양상의 통일적 근원이 순수 상상력이란 점에서 순수 상상력은 시간의 근원이다. 물론 이러한 주장은 미래를 형성하는 세 번째 양상의 종합에 대한 설명에 의해 더 보충되어야만 한다.

c) 순수재인으로서 순수종합

칸트는 순수통각의 자아를 시간 외적인 것으로 본다. 경험적 자아와 달리 순수자아는 시간적이지 않다. 순수자아, 순수이성은 시간형식에 종속되지 않는다.[32] 더욱이 칸트는 세 번째 종합 양상, 곧 개념에서의 재인과 관련하여 시간성격을 전연 언급한 바 없다. 그렇기에 하이데거에게 순수재인의 시간적 성격을 제시하는 해석은 특히 어려운 과제가 된다.

---

32 A551/B579.

여기서도 논의는 칸트를 따라서 먼저 경험적 재인부터 다룬다. 칸트는 "우리가 [지금] 사고하는 것이 방금 전에 사고했던 것과 동일하다는 의식이 없다면"(A103) 앞서 논한 재생적 종합도 헛일이 되고 말 것이라고 지적한다. 재생적 종합이란 이전에 지각된 존재자를 지금 지각하는 존재자와 결합하는 것이다. 이러한 결합을 위해서는 우선 현재의 지각에서 경험하던 존재자를 '떠나서' 이전에 지각한 존재자를 떠올려야만 한다. 그러고 나서 다시 현재의 존재자로 돌아와 둘을 결합해야만 한다. 이때 현재의 존재자는 너무나 당연하게도 '떠나기' 이전에 경험했던 존재자와 동일하다고 가정된다. 붉은 실을 보면서 진사를 떠올릴 때, 붉은 실은 갑자기 다른 것이 되거나 해서는 안 되고 붉은 실이라는 자기동일성을 유지해야만 한다. 그런 떠올림 후에도 여전히 동일한 실로 재인할 수 있어야만, 곧 다시 알아볼 수 있어야만 한다. 재생의 종합 전의 표상에서나 그 후의 표상에서나 그 현존하는 존재자는 동일한 것으로서 견지되어야만 한다. 이처럼 여러 표상에서의 통일성을 표상하는 것은 물론 개념이다. 즉 붉은 실이라는 개념 속에서 우리는 재생의 종합 전의 표상에서와 그 후의 표상에서 동일한 붉은 실을 표상한다. 그래서 칸트는 재인을 개념 속에서의 종합이라고 부른다. 하이데거는 이를 "동일시의 종합"(KPM, 186)이라고도 부른다.

이처럼 재인의 종합은 재생적 종합의 조건이다. 즉 재인의 종합이 우선한다. 그런데 포착의 종합에 대해서도 마찬가지다. 직관에서 여러 인상으로부터 하나의 상을 떼어 내는 포착의 종합도 자기동일적으로 현전하는 존재자를 미리부터 겨눈다. 포착해 낸 상은 곧 지각된 존재자의 상이다. 즉 존재자를 개념적 표상 속에서 동일한 것으로 견지하는 재인의 종합을 미리부터 요구한다. 그래서 하이데거는 동일시하는 재인의 종합이 재생의 종합 및 포착의 종합에 앞서고 둘을 주도한다고 말한다. 재인의 종합은, 재생과 포착의 종합이 동일한 존재자에 대하여 일어나도록, 무엇이 동일한 것으로 견지되어야만 할지를 미리 '엿보고' '탐사'한다.

이상은 모두 경험적 동일시에 대한 설명이었다. 순수동일시에 대한 하이데거의 설명은 한 단락으로 무척 간략하다. 그에 따르면, 경험적 동일시는 필수적으로 순수동일시를 전제한다. 순수재생이 '이전에'의 지평을 형성함으로써 이전에 지각한 것을 불러오게 할 수 있었듯이, 순수동일시는 순수개념 속에서 '미리'의 지평을 형성함으로써 경험적 개념 속에서 동일한 것으로 견지될 수 있는 것을 미리 탐사할 수 있도록 한다. 순수개념 속에서의 순수동일시는 경험적 개념 속에서의 경험적 동일시가 이루어질 '미리'의 지평을, 곧 미래를 형성한다.

하이데거는 미래를 형성하는 순수동일시가 순수재생 및 순수포착에 우선하면서도 이들 종합과 내적으로 합일적이라고 주장한다. 그럼으로써 『존재와 시간』에서 제시했던 "시간이 일차적으로 미래로부터 시간화된다"(KPM, 187)라는 논제를 반복한다. 그러나 어째서 순수동일시가 다른 두 순수종합에 우선하고 그것들과 통일적으로 시간을 형성하는지에 대한 설명은 분명하지 않다. 또한 하이데거는 여기서 순수동일시가 어떤 의미에서 순수개념에서의 종합인지를 충분히 설명하지도 않는다.[33]

---

33 이와 달리 1927/28년 강의에서 하이데거는 순수동일시의 종합에 대해 제법 긴 분량(GA 25, 364-368)으로 해설한다. 하지만 여기서 하이데거는 '칸트책'에서와는 여

그럼에도 하이데거는 세 순수종합 양상에 대한 논의로 초월론적 상상력의 내적 시간성격이 입증되었다고 본다. 종합을 관장하는 초월론적 상상력은 순수포착의 양상에서 현재를, 순수재생의 양상에서 기재를, 순수재인의 양상에서 미래를 형성한다. 이들을 각기 따로가 아니라 시간의 통일성에 따라서 합일적으로 형성한다. 이러한 초월론적 상상력의 삼중적 종합 활동으로부터 지금 계열의 순수한 연속이라는 의미의 시간이 발원한다. 하이데거는 그래서 세 시간 계기를 통일적으로 형성하는 초월론적 상상력을 근원적 시간이라고 부른다.

러 면에서 다른 해석을 시도하고 있어 지금의 맥락으로 그 해석을 모두 끌어오기는 무리가 있다. 다만 순수동일시가 어째서 순수개념, 곧 범주에서의 종합인가에 대한 설명만은 참고하면 좋을 듯하다. 거기서 하이데거는 세 번째 순수종합을 "존재 연관 전체성의 영역"의 "선취"(GA 25, 367)라고 해설한다. 세 번째 순수종합은 실체, 인과성을 비롯한 여러 순수개념을 전체적으로 사고하면서 존재자의 존재 연관 전체를 선취한다. 즉 선험적으로 구상한다. 이러한 선취, 곧 재인의 종합은 순수통각의 활동이다. 순수통각은 순수지성개념을 부단히 사고하면서 여하한 대상이 통일적으로 드러날 대상성의 지평을 미리 형성한다. 이러한 지평 형성의 선험적 성격은 곧 세 번째 종합의 미래적 성격에 다름 아니다. 더욱이 하이데거는 이에 대하여 『존재와 시간』에서 비본래적 시간성의 미래 계기에 해당하는 용어 "예기"(GA 25, 364)를 사용하기도 한다.

앞선 B장에서 초월론적 상상력은 순수감성과 순수이성의 공통 근원으로 밝혀졌다. 초월론적 상상력은 초월을 형성하는 인간 주체성의 두 요소의 통일적 근거다. 이러한 초월론적 상상력이 근원적 시간이라는 것은 인간 주체성이, 즉 순수감성적 이성이 그 자체로 시간적이어야만 함을 시사한다. 이에 따라 하이데거는 근원적 시간을 분석함으로써 주체의 시간성격을 입증해 나가고자 한다.

34절 순수자기촉발로서 시간, 그리고 자기의 시간성격

하이데거는 칸트의 순수촉발 개념에서 논의를 시작한다. 촉발은 유한한 직관이 직관되어야 할 것을 수용하는 방식이다. 우리 자신이 아닌 존재자는 우리 신체의 감관에 접촉함으로써 직관적으로 수용된다. 경험적 직관에서는 이처럼 우리 자신이 아닌 존재자로부터 우리 자신이 촉발당한다. 그것이 우리를 덮친다. 하지만 순수한 수용으로서 순수직관, 곧 시간은 순수하게 촉발한다. 즉 자신이 아닌 것으로부터 촉발당하는 것이 아니라 스스로 촉발한다. 촉발하는 것도, 촉발되는 것도 우리 자신이다. 순수직관은 '자신으로부터' 지금의 연속이라는 순수한 상을 형성하면서 그것을 '우리 자신에게로 되돌려' 수용한다. 자기가 형성한 상이 자신을 덮치도록 받아들임이 자기촉발이다. 하이데거는 "순수직관은 자신 안에서 형성된 직관된 것[지금의 연속이라는 순수한 상]을 갖고서 자신에게 접촉한다"라고도 표현한다(KPM, 189). 상상력의 종합 활동에 근거를 둔 직관은 지금의 연속적 계열을 스스로 형성하지만, 이를 스스로 좌지우지하는 것이 아니라 마치 경험에서 자신이 아닌 존재자를 받아들여야만 하듯이 받아들여야만 한다. 이것이 순수한 촉발로서 자기촉발이다.

하이데거는 자기가 접촉당할 수 있다는 점이 유한한 주체의 본질에 속한다면서 순수자기촉발로서 시간이야말로 주체성의 본질구조라고 주장한다. 즉 "자신-으로부터-나와-저리로, 그리고 자신-에게로-되돌아"라는 자기촉발적 시간구조가 "유한한 자기로서 마음의 마음성격을 비로소 구성한다."(KPM, 191)

하이데거는 자신의 주장을 뒷받침하기 위해 『비판』의 재판에 추가된 감성론의 한 구절(B67f.)을 해석한다. 그 해석에 따르면, 순수직관에서 마음은 자신의 활동을 통해서, 곧 지금 계열의 연속이라는 순수한 시간관계들을 표상함으로써 촉발된다. 시간으로서 순수직관은 외감이 아닌 내감에 관계하는 촉발이다. 즉 자기 자신으로부터 수용한다. 더욱이 경험적이 아닌 순수한 수용으로서 내적 촉발은 이런저런 표상이나 욕구와 같은 마음 상태들이 아니라 순수한 마음으로부터 유래해야만 한다. 이는 순수 내적 촉발이 마음의 본질, 곧 유한한 자기의 본질적 구조에 다름 아님을 뜻한다.

자기촉발로서 시간의 구조는 유한한 주체의 본질구조와 일치한다. 이는 시간이 순수통각으로서 자아에도 본질적이어야만 한다는 결론을 함축한다. 여기서 하이데거는 순수통각이나 순수이성은 시간형식에 종속되지 않는다는 칸트의 명시적 주장(A551/B579)에도 불구하고, 시간과 순수통각이 결국 하나라고 주장한다. 나아가 칸트 자신이 그 둘의 근원적 동일성을 제시했다고까지 주장한다.

시간과 순수자아가 근원적으로 하나라는 주장을 위해 하이데거는 칸트가 그 둘에 사용하는 핵심적 술어가 같다는 사실부터 부각한다. 칸트는 실제로 "멈춰서 머무는stehende bleibende 자아"와 "변천하지 않고 머무는bleibt und wechselt nicht" 시간을 언급한다.[34] 혹자는 이러한 일치가 단순히 자아와 시간 둘 다 "시간상에" 있지 않음을 가리킬 뿐이라고 대꾸할 수도 있을 것이다. 하지만 하이데거는 둘 다 "시간상에" 있지 않다는 바로 그 사실이 자아가 시간 자체라는 결론을 암시한다고 반박한다.

우선 자아가 '멈춰서 머문다'는 칸트의 진술을 충분히 해명할 필요가 있다. 일단 그것은 자아가 변천하는 온갖 심적 사건들의 근저에 불변적으로 존립하는 실체라는 뜻일 수 없다. 무엇보다도 이는 영혼 실체와 같은 이념에 관한 칸트 자신의 오류추리론과 양립하기 어렵다. 다음으로 그것은 자아가 마치 신적 존재와 같이 시간적이지 않고 초시간적이라는, 곧 무한하고 영원하다는 뜻일 수도 없다. 이는 칸트가 인간 자아의 유한성을 강조하는 것과 정면충돌한다.

하이데거의 해설에 따르면, "멈춰서 머무는"이라는 구절은 불변적 영혼 실체나 영원성 같은 자아의 불변성에 관한 '존재자적' 진술일 수 없다. 그것은 초월론적 규정이다. 즉 미리

---

34 A123, A182/B224f.

부터 항구성과 영속성 같은 것을 자기 앞에 견지하는 한에서만, 순수통각으로서 자아가 대상을 온갖 변천 속에서도 동일한 것으로 경험할 수 있다는 뜻이다. 여기서 하이데거는 자신이 앞서 해설한 바대로의 도식론을 염두에 두고 있다. 그는 자아가 "현재의 순수 상을 순수하게 마련"(KPM, 193)한다고 덧붙인다. 즉 자아가 대상을 동일적인 것으로 경험할 수 있도록 해 주는 항구성이라는 실체-도식을 미리부터 형성한다는 것이다. 항구성과 같은 시간규정을 형성하면서 순수자아는 근원적 시간과 본질적으로 연관된다. 자아는 근원적으로 시간을 형성하면서 대상성의 지평을 형성한다. 따라서 자아는 초월론적인 의미에서 시간적이다.

다음으로 시간이 '변천하지 않고 머문다'는 칸트의 진술은 시간이 이런저런 사물이나 사건처럼 "시간상in der Zeit"에 있지 않음을 뜻한다. 반면에 존재자는 "시간상"에, 즉 특정한 시점에 있다. 그래서 존재자는 이때는 이렇고 저 때는 저렇다. 즉 계속해서 변천한다. 이런 의미의 시간성격에 대해 하이데거는 『존재와 시간』에서도 사용했던 용어 내부시간성Innerzeitigkeit을 쓴다. 존재자는 내부시간적이다. 하지만 시간 자체가 다시 내부시간적일 수는 없다. 즉 그런 의미에서 시간은 "시간상"에 있지 않고, 또 그래서 '변천하지 않고 머문다.'

　나아가 하이데거는 시간의 두 개념을 구별함으로써 시간과 자아의 동일성을 제시한다. 일상의 시간계산에서 고려되는 시간이란 지금 계열의 순수한 연속이다. 순수자아는 지금 계열의 순수한 연속이라는 의미의 시간 속에 있지 않다. 이런 뜻에서 시간적이지 않다. 즉 내부시간적이지 않다. 하이데거에 따르면, 칸트는 이런 이유에서 순수이성이나 순수자아에 대해 시간형식을 거부했던 것이다. 하지만 순수자아가 내부시간적이지 않은 것은 다른 더 근원적 의미에서 시간적이기 때문이다. 즉 순수자아는 근원적 시간으로서 지금 계열로서의 시간을 스스로 산출하므로, 그 자신이 다시 그 지금 계열 속에 있을 수 없다. 즉 내부시간적일 수 없다. 지금 계열의 연속으로서의 시간은 순수한 자기촉발로서의 시간에서 발원하고, 후자는 자아의 본질구조 자체다. 순수감성, 곧 시간 및 순수이성, 곧 자아는 하나의 본질구조에 속한다. 그것이 곧 순수감성적 이성으로서 유한한 주체성의 통일적 존재구성틀이다. 요컨대, 시간의 두 개념 구별은 다음과 같이 도표화될 수 있다.

근원적 시간	순수직관의 활동 (=순수자기촉발)	초월론적 상상력의 순수종합 활동의 삼중적 통일성	주체성의 본질구조
파생적 시간	순수직관에서 직관된 내용	지금 계열의 순수한 연속	일상적 시간계산에서 고려되는 시간

35절 정초된 근거의 근원성과 형이상학의 문제

제2편에서 형이상학 정초의 근거로 밝혀진 것은 마음의 두 원천인 감성과 지성을 매개하고 합일하는 초월론적 상상력이었다. 그리고 제3편 B장에서 초월론적 상상력은 더욱 근원적으로 해석되어 그 두 원천을 발원하게 하는 공통 뿌리로 밝혀졌다. 여기서 이미 초월론적 상상력은 인간 주체성의 본질에 다름 아님이 감지된다. 나아가 C장에서 초월론적 상상력은 순수종합의 세 양상(포착, 재생, 재인)에서 현재, 기재, 미래를 통일적으로 형성하는 근원적 시간으로 밝혀졌다. 끝으로 순수자기촉발로서 순수감성은 순수이성과 한가지로 유한한 인간 주체의 본질을 이룬다고 설명되었다.

하이데거는 이처럼 앞선 논의를 요약한다. 눈에 띄는 점

하나는 그가 여기서 초월론적 상상력의 위상을 미묘하게 재정립한다는 것이다. 앞에서 그는 "초월론적 상상력이 근원적 시간"(KPM, 176)이라고 말했지만, 여기서는 초월론적 상상력이 "근원적 시간에" "뿌리박혀" 있다거나 "근원적 시간이 초월론적 상상력을 가능하게 한다"(KPM, 196)고 진술한다. 근원적 시간과 초월론적 상상력은 이제 동일시 관계가 아니라 전자가 더 근원적인 것으로 설명된다.

하이데거는 이런 변화를 딱히 설명하지 않는다. 어쩌면 이러한 재정립은 그가 제3편 서두(KPM, 140)에서 초월론적 상상력의 근원적 해석은 결국 그것을 더는 그 명칭으로 부를 수 없게 만들 것이라고 했던 예고와 관련되는지도 모른다. 주체의 주체성은 순수자기촉발로서 근원적 시간으로 밝혀졌다. 그런데 초월론적 상상력이 근원적 시간이라면, 그것과 주체성이 단순히 동일해지고 만다. 그럴 경우 초월론적 상상력에 고유한 특징, 가령 합일의 능력이나 상을 형성하는 능력과 같은 의미는 거의 완전히 희석되고 말 것이다. 하이데거는 이런 결론을 피하기 위해 초월론적 상상력을 근원적 시간과 구별할 필요성을 받아들인 것일 수 있다.

어쨌든 그는 근원적 시간을 초월론적 상상력과 구별한다. 근원적 시간으로서 순수자기촉발이 미래, 기재, 현재를 통일적으로 형성한다면, 순수포착, 순수재생, 순수재인이라는 초월론적 상상력의 종합은 이런 형성에 '뿌리박힌' 채로 합일적으로 이루어진다. 종합의 양상이 셋인 이유는 결국 존재론적 인식의 요소가 셋이어서가 아니다. 세 종합 양상은 세 시간계기에 상응한다. 그리고 시간의 삼중적 합일 속에서 세 종합양상 역시 합일적이어야만 한다. 바로 그래서 존재론적 인식의 세 요소도 합일적이어야만 한다. 결국 근원적 시간으로 소급되는 그 합일에서 초월이 형성된다.

하이데거는 칸트가 재판에서 초월론적 상상력의 기능을 지성으로 넘김으로써 순수감성과 순수사고를 유한한 순수감성적 이성으로서 통일적으로 파악할 가능성이 사라지고 만다고 지적한다. 하지만 초월론적 도식론에서 밝혀지듯이, 그런 통일성에서만 형이상학 정초의 가능성이 열린다. 이런 맥락에서 하이데거는 『비판』이라는 저작 전체의 핵심문제를 고려하건대 재판보다 초판이 우월하다고 주장한다.

이제까지의 해석에 입각하여 제2편에서 다뤘던 도식론의

의미를 다시 새겨볼 수 있다. 도식론에서 언급된 대로 존재론적 인식이 "초월론적 시간규정"인 것은 결국 초월과 존재론적 인식이 근원적 시간에서 형성되기 때문이다. 지금 계열의 연속으로서 시간이 아니라 실은 순수자기촉발로서 근원적 시간이 초월의 지평을 형성하는 순수도식을 마련한다. 하이데거에 따르면, 도식론에서 초월론적 시간규정으로서 순수도식에 대한 칸트의 해명이 그토록 간략하고 불투명했던 것도 칸트가 시간을 단지 지금 계열의 연속으로 파악했던 한계 탓이다.

제4편 형이상학 정초의 반복

하이데거는 『존재와 시간』에서 '반복'이라는 용어를 해석학적 철학의 방법론적인 의미로 사용한 바 있다. 하지만 그 의미를 충분히 해명하지는 않았다. 여기서 하이데거는 전승된 철학적 텍스트를 해석한다는 것이 어떠한 의미에서 반복인가를 비교적 상세히 해명한다. 반복이란 일단 전승된 철학의 근본문제를 새로이 제기하는 것이다. 전승된 텍스트에 담긴 철학의 근본문제는 역사의 전승과정에서 피상화된다. 이를테면 칸트의 철학적 문제는 마르부르크학파의 해석에서처럼 수리적 자연과학을 정초하는 인식이론의 문제로 취급된다. 이른바 표준적 해석이 학교철학에 자리를 잡고, 그에 맞추어 허용 가능한 해석의 범위가 규정된다. 이때 반복이란 그런 피상화나 유행을 거슬러서 철학적 텍스트에 담긴 근본문제의 고유한 힘을 열어 밝히고 일깨우는 작업이다. "근원적인, 이제껏 은폐되었던 가능성"(KPM, 204)을 텍스트에서 발굴하여 철학적 근본문제를 새롭게 획득하는 작업인 것이다.

A. 인간학에서 형이상학 정초

하이데거는 이런 의미에서 칸트의 형이상학 정초를 '반복' 하고자 한다. 그러나 이런 반복을 위해서라도 일단 칸트적 정초의 성과가 본래 무엇이었던가를 분명하게 파악할 필요가 있다. 그래서 하이데거는 그 성과를 우선 인간의 본질에 대한 물음으로 밝혀내고, 그에 따른 반복을 위해 철학적 인간학의 이념을 검토한다. 하지만 그 이념이 극히 불명료하다는 결론과 함께 형이상학 정초와의 연관에서 인간 유한성의 물음을 새로이 던질 것을 요구한다.

36절 정초된 근거, 그리고 칸트적 형이상학 정초의 성과

제2편에서 칸트의 형이상학 정초를 단계적으로 뒤따르면서 고찰한 결과, 초월론적 상상력은 존재론적 종합, 즉 초월의 가능 근거로 밝혀졌다. 나아가 제3편에서 더욱 근원적인 해석을 감행한 결과, 초월론적 상상력은 근원적인 시간으로 밝혀졌다. 그렇지만 하이데거는 이러한 결과를 단순히 확인하기 위해 칸트의 정초가 어떻게 일어났던가를 그토록 차근히 되살필 필요는 없었을 것이라고 덧붙인다. 그런 목적이었다면 그저 연역과 도식론에서 주요 구절을 인용하는 것만으로도 충분했다는 것이다.

그래서 하이데거는 정초의 성과가 다른 데 있다고 말한다. 제3편 후반부에서 확인되다시피, 정초가 어떻게 일어나는가를 추적하면서 종국적으로 드러났던 것은 사실 인간 주체의 주체성 해명이었다. 형이상학의 본질을 물으면서 인간 주체성의 근본능력들이 어떻게 통일적일 수 있는가를 물었던 것이다. 이렇게 형이상학 정초의 결과, 인간에 대한 물음이 제기되었다.

하이데거는 칸트의 형이상학 정초가 실제로 인간에 대한 물음으로 귀착한다는 것을 『비판』 후반부에 나오는 유명한 구절을 인용하면서 보여 준다. 칸트는 인간 이성의 본질에서 유래하는 관심사를 세 가지 질문 형태 —"나는 무엇을 알 수 있는가? 나는 무엇을 행해야 하는가? 나는 무엇을 희망해도 좋은가?"(A804f./B832f.)— 로 제시한다. 이 질문에서 확인되는 인간 이성의 본질적 관심사는 인간의 형이상학적 본성을 반영한다. 그리고 인간의 형이상학적 본성으로부터 이른바 특수 형이상학의 세 분과가 자라나온다. 세 질문은 곧 우주론, 영혼론, 신학에 차례로 대응한다. 즉 무엇을 알 수 있는가는 존재자의 총체로서 자연에, 무엇을 행해야 하는가는 인격과 자유에, 무엇을 희망해도 좋은가는 지복으로서 불멸에 관련된다.

하이데거는 칸트의 논리학 강의에서 더욱 결정적인 전거를 하나 가져온다. 거기서 칸트는 앞선 세 물음을 똑같은 순서로 배열하고 마지막에 "인간이란 무엇인가?"라는 물음을 추가한다. 이 물음은 그저 마지막에 하나 추가로 덧붙은 것이 아니다. 칸트는 앞선 세 물음이 이 네 번째 물음을 지시한다고 언급한다. 즉 네 번째 물음은 앞선 세 물음에 이미 공통으로 내재하는 핵심 물음이다.

그렇다면 형이상학 정초의 본래적 성과는 이제 분명해진 듯하다. 즉 그것은 인간에 대한 물음의 필요성을 밝힌 것이다. 이때의 물음은 물론 경험적 인간학의 문제일 수 없다. 그렇다면 철학적 인간학의 문제일까? 만일 그렇다면 '반복'의 과제란 철학적 인간학의 체계적 전개여야만 할 것이다. 이를 검토하기 위해 하이데거는 철학적 인간학이란 무엇인가를 검토한다. 결론부터 미리 말하자면, 그는 반복의 과제로서 인간에 대한 물음은 철학적 인간학의 문제일 수 없다고 판정한다.

37절 철학적 인간학의 이념

철학적 인간학의 이념을 묻기에 앞서 하이데거는 인간학이란 어떤 것인지를 살펴본다. 19세기부터 독일에서 유행했던 인간학에는 온갖 종류의 지식과 학문이 혼재했다. 생물학, 심리학, 성격학, 인종학, 민속학, 정신분석학, 문화형태학, 세계관 유형학 등 다양한 학문이 인간의 신체적, 심리적, 정신적 본성을, 그리고 인종별, 종족별, 성격 유형별, 문화 형태별, 세계관 유형별 인간의 특색을 광범위하게 연구하였다. 이러한 연구가 모두 인간학이라는 명칭하에 진행되었다. 인간학이란 이처럼 인간에 관한 온갖 다양한 지식에 관한 총칭이다. 하지만 하이데거는 그 지식은 문제 설정 방식, 정당화 방식, 서술 및 탐구 양식, 근본 전제 등등에서 너무나 다종다양하여, 여기에서 인간학의 이념은 사실상 해체되고 만다고 지적한다.

하이데거는 자신의 시대가 이전의 어느 시대보다 인간에 대해 다양하고 많은 지식과 정보를 확보하였고, 또 그 지식과 정보를 인상적이고 매혹적으로 제시하며, 또 쉽고 빠르게 유통한다고 보았다. 그처럼 당대 인간학은 어느 시대보다 발전하였다. 하지만 그는 동시에 그 어느 시대보다도 우리는 인간이란 무엇인가를 알지 못한다고 비판적으로 평가 내렸다. 아마도 이러한 평가는 한 세기 지난 오늘날에도 그대로, 아니 어쩌면 더더욱 적실하게 적용될 수 있을 것이다.

당대에 유행했던 인간학에 대한 이러한 문제의식은 동시대의 현상학자였던 막스 셸러에게 빚진 것으로 보인다. 하이데거가 1929년에 출간한 '칸트책'을 그 전해에 작고한 셸러에게 헌정했던 것은 분명히 단순한 개인적 교분 때문만은 아니었을 것이다. 셸러는 당대의 인간학이 인간을 다채롭게 조명하면서도 어떤 통일적 내용도 제시하지 못함을 한탄했다. 이러한 문제의식에 따라서 그는 「인간의 이념에 대하여」(1915), 『우주에서 인간의 지위』(1928)와 같은 저작에서 철학적 인간학을 제안했다. 그는 철학적 인간학이 인간에 대한 통일적 이념을, 인간에 대한 다양한 정의들의 체계적 통일을 제시할 수 있다고 믿었다. 셸러는 그렇게 당대 인간학의 난관을 해소하고자 시도했다. 나아가 철학적 인간학이야말로 모든 철학적 문제의 핵심이라고 믿었다.

하지만 하이데거는 셸러의 철학적 인간학과도 거리를 둔다. 무엇보다도 그 이념이 극히 불명료하다고 본다. 하나의 인간학을 철학적 인간학일 수 있도록 해 주는 기준은 무엇인가? 하이데거는 그에 대한 답변으로 세 후보를 검토하고 모두 불만족스럽다고 결론 내린다. 첫째는 경험적 지식보다 일반성의 정도가 높다는 답변이다. 그러나 이는 과연 얼마나 일반적이어야 철학적 인간학일 수 있는지에 대해 답할 수 없다. 둘째 답변은 방법이 다르다는 것이다. 즉 철학적 인간학은 인간의 본질을 고찰한다는 점에서 그 방법이 철학적이라는 것이다. 이처럼 인간이라는 존재자를 그 종적 특성에 따라 나머지 다른 존재자의 영역과 구별한다면, 그 결과는 인간에 대한 영역존재론이 될 것이다. 하지만 그렇다면 영역존재론으로서 철학적 인간학은 여러 영역존재론과 나란히 놓이는 하나의 존재론일 뿐이지 철학의 핵심일 수 없을 것이다. 셋째 답변은 인간학이 철학의 목적과 출발점을 제공할 때 철학적 인간학이 된다는 것이다. 철학의 목적이 세계관의 완성이라고 한다면, 셸러가 말하듯이 "우주(세계)에서 인간의 지위"를 규정하는 인간학이야말로 철학적 인간학의 자격이 있을 것이다. 또한 데카르트적 전통에 따라서 인식의 정당화 질서에서 최초이자 가장 확실한 존재자가 인간이라고 한다면, 철학의 체계를 위한 출발점으로서 인간 주체성을 다루는 인간학이 곧 철학적 인간학이 될 것이다. 하지만 하이데거는 여기서 언급된 그 목적과 출발점이 철학의 본질에서가 아니라 그저 외면적으로 파악된 것에 불과하다고 비판한다.

결국 철학적 인간학의 이념에 남는 것이 있다면, 그것은 모든 철학적 문제가 인간학의 문제로 소급된다는 사실뿐이다. 이미 칸트에게서 보았듯이, 철학의 핵심문제들은 모두 인간에 대한 물음으로 소급된다. 하이데거는 철학적 인간학이 모든 철학의 핵심이라고 주장하기 전에 과연 어떤 의미에서 어떤 방식으로 모든 철학적 문제가 인간의 본질에서 유래하는가를 검토해야만 한다고 본다. 이를 위해서는 또한 철학함의 본질은 무엇이고 어째서 그 핵심이 인간의 본질과 연관되는가를 물어야만 한다. 하이데거는 이러한 물음을 모두 논한 연후에야 철학적 인간학의 본질과 권한, 기능, 한계 등을 확정할 수 있으리라고 본다.

38절 인간 본질에 대한 물음 및 칸트적 정초의 본래적 성과

앞서 '칸트적 정초의 성과는 인간에 대한 물음'이라고 파악하긴 했지만, 하이데거는 이런 정식 자체는 중요하지 않다고 지적한다. 그는 칸트의 정초를 반복하는 과제에 따라서 정초의 본래적 성과를 파악하려면 정초에서 무엇이 일어나는가를 거듭 스스로 물어야 한다고 말한다. 하이데거에 따르면, 칸트의 정초 작업에서 벌어진 일은 결국 칸트가 유한한 인간 주체성의 본질 해명을 회피했다는 것이다. 칸트는 순수인식과 형

이상학의 근원을 순수이성에서 찾고자 자신의 철학적 기획을 착수했다. 그의 철학적 의도는 온갖 경험적인 것으로부터 순수이성을 구원하려던 것이었다. 하지만 제3편에서 이미 언급했던 대로, 정초를 통해서 초월론적 상상력이야말로 존재론적 인식과 초월의 핵심근거이며, 순수이성을 비롯한 인식의 원천은 모두 초월론적 상상력으로 소급된다고, 나아가 인간 주체성이란 순수이성이 아니라 순수감성적 이성이라고 밝혀진다면, 이는 칸트 자신의 철학적 기획을 송두리째 뒤흔드는, 그로서는 도저히 받아들일 수 없는 결과였을 것이다. 칸트의 입장에서 보면, 형이상학 정초를 위한 시도가 "형이상학의 심연"(KPM, 215)을 드러냈던 셈이다. 칸트는 그런 심연을 피할 수밖에 없었다. 따라서 칸트적 정초의 본래적 성과는 순수감성적 이성의 통일성이 실로 철학적 문제를 일으킨다는 것, 주체성에 대한 기존 관념이 뿌리째 요동친다는 것, 따라서 핵심은 형이상학 정초의 맥락에서 인간에 대한 물음이 근본적으로 새롭게 제기되어야만 한다는 것이다.

이런 배경에서 하이데거는 논리학 강의에서 등장한 칸트의 네 번째 물음을 다시 건드린다. 칸트의 세 물음은 인간 이성의 내밀한 관심으로부터 나온다. 그 관심은 인간 이성의 '가능', '당위', '허용'을 문제로 삼는다. 첫째로, 나는 무엇을 할 수 있는가라는 물음은 자신의 가능성의 한계로부터, 자신의 가능이 언제나 불가능에 의해 한정된다는 사실로부터 제기된다. 이러한 물음 자체가 인간 자신의 유한성을 노출한다. 둘째로, 나는 무엇을 행해야 하는가라는 물음은 아직 행하지 않은 것, 아직 충족하지 못했던 것에의 관심에서 제기된다. 여기에도 인간 자신의 '아직-못함'이라는 유한성이 문제가 된다. 셋째로, 나는 무엇을 희망해도 좋은가라는 물음은 아직 이루어지지 못한 것에 대한 기대로부터, 즉 결핍과 필요로부터 제기된다. 이 역시 유한성에서 비롯하는 물음임이 분명하다. 요컨대, 인간 이성의 관심은 자신의 유한성으로부터, 곧 비-가능, 비-당위, 비-허용의 문제로부터 싹튼다.

이렇게 인간 이성의 관심에서 유한성이 노정된다. 세 형이상학적 물음을 추동하는 근원은 이성의 유한성, 그리고 유한성에 대한 관심이다. 이 관심은 유한성을 극복하고 제거하려는 관심이 아니라, '아님'의 한계에 부딪히는 자신의 유한성에 대한 확신에서 비롯하는 관심이다. 인간 이성은 본질적으로 자신의 유한성을 문제 삼는다. 하이데거는 바로 이런 유한성에의 "염려"(KPM, 217)가 모든 이성적 물음이 '인간이란 무엇인가'라는 물음을 끌어들이도록 만든다고 본다. 그래서 순서상 네 번째로 나오는 이 물음은 실은 앞선 세 물음을 지배하는 근원이다. 유한성에의 관심에서 제기되는 '인간이란 무엇인가'라는 물음으로부터 저 세 물음이 터져 나온다.

따라서 칸트의 네 번째 물음은 단순히 철학적 인간학의 소관일 수 없다. 그 물음은 유한성에 대한 인간 이성의 염려에서 나온다. 그러한 염려로부터만 그 물음과, 그 물음에서 흘러나온 인간의 가능, 당위, 허용에 관한 세 물음의 의미가 자라 나온다. 즉 형이상학의 세 물음이 인간에 대한 물음으로 소급되는 것을 두고 인간학이 철학의 핵심분과라고 추론하면 안 된다. 오히려 그러한 소급은 인간 유한성을 형이상학적 근본문제로 삼으라는 촉구다. 다양한 인간 정의들 사이에서 인간의 통일적 이념을 모색하는 철학적 인간학은 오히려 형이상학 정초와의 연관에서 인간 유한성의 물음을 근본적으로 던지는 것을 가로막기 십상이다. 철학적 인간학에서 과제는 단지 인간을 인간으로 정립시키는 이념이기 때문이다.

B. 인간 유한성의 문제와 현존재의 형이상학

앞선 논의에 따라 밝혀진 반복의 과제는 형이상학 정초와의 연관에서 인간 유한성의 문제를 새로이 제기하라는 것이다. 하이데거는 자신의 해석이 처음부터 이를 염두에 두고 진행되었다고 밝힌다. 해석의 출발점에서 인식의 유한성을 칸트의 암묵적 전제로 파헤쳤던 것도 이런 반복의 과제에 따랐던 것이다. 이하에서 하이데거는 존재이해를 인간 유한성의 본질로 해명하면서 반복의 과제로 현존재의 형이상학을 제시한다.

39절 인간 유한성을 어떻게 규정할 수 있는가의 문제

반복의 과제는 형이상학 정초의 맥락에서 인간의 유한성을 문제로 삼는 것이다. 그런데 이때 인간 유한성이란 무얼 뜻하는가? 하이데거는 우선 쉽게 떠올릴 수 있는 두 답변을 거부한다. 하나는 인간의 불완전성을 보여 주는 여러 지표와 사실을 되는 대로 많이 열거하고 그로부터 공통적 요소를 추출하는 것이다. 그러나 하이데거는 그러한 지표와 사실은 유한성의 본질로부터 파생하는 지엽적 결과일 뿐이라고 본다. 다른 하나는 기독교적인 답변이다. 인간이 창조된 존재임을 합리적으로 증명하여 피조물이라는 의미에서 인간 유한성의 사실을 입증하는 것이다. 그러나 설령 그러한 증명이 가능하다고 치더라도, 피조물이라는 사실은 인간 유한성의 본질을 제시하는 작업과도, 인간의 존재구성틀을 규명하는 것과도 거리가 멀다.

유한성의 문제는 형이상학 정초를 반복한다는 과제에서 나온다. 하이데거는 형이상학 정초의 문제틀에서 유한성의 문제를 물어 나갈 수 있을 지침을 먼저 확보하고자 형이상학의 역사를 거슬러 간다.

제1편에서 논한 바처럼 서양 형이상학사는 고대 그리스로, 특히 아리스토텔레스로 소급된다. 아리스토텔레스는 존재자 그 자체에 대한 물음과 존재자 전체에 대한 물음을 함께 제기했다. 하지만 그 두 물음이 어떻게 연관되는가는 불분명하게 남았다. 두 물음은 칸트 시대의 학교철학 체계에서 일반형이상학과 특수형이상학으로 날카롭게 갈라졌다. 하이데거는 반복의 과제는 일단 칸트가 수용했던 학교철학의 형이상

학 체계로부터 빠져나올 때만 가능하다고 본다. 그래서 아리스토텔레스로 돌아갈 필요가 있다고 역설한다. 물론 그러면서도 아리스토텔레스의 형이상학 구상이 무결점의 완성본이라고 여기지도 않는다.

아리스토텔레스에게 본래적인 철학함이란 존재자 전체에 대한 물음과 존재자 그 자체에 대한 물음을 다루는 것이었다. 하이데거는 그 가운데 후자가 질문 순서상 우선적이라고 본다. 존재자 전체에 대한 물음도 도대체 존재자란 무엇인가라는 물음을 전제할 수밖에 없기 때문이다. 하지만 자신이 짧게 존재물음이라고도 부르는 이 물음이 어떻게 인간 유한성의 문제와 연관되는지는 우선은 전혀 분명하지 않다고 말한다. 반복의 과제는 존재물음을 그저 아리스토텔레스를 따라서 기계적으로 되풀이하는 것이 아니라 그 물음을 진짜 철학적 문제로 발전시키는 것이다. 하이데거에 따르면, 존재물음을 진정한 철학적 문제로 발전시킴으로써, 어째서 유한성의 문제가 존재물음과 연관되는가 또한 확인할 수 있다.

40절 존재물음을 인간 유한성의 문제로 향하는 길로 발전시킴

이제 당면 과제는 존재물음을 진짜 철학적 문제로 발전시키는 것이다. 존재물음이란 존재자 그 자체란 무엇인가라는 물음이다. 하이데거에 따르면, 이 물음은 실제로 무엇이 존재자를 존재자로 규정하는가를 묻는다. 그는 이에 대해 친절한 해설을 제공하지 않으나, 고대 그리스로 돌아가 다음과 같이 설명할 수 있을 것이다. 이를테면 소크라테스가 정의란 무엇인가를 물을 때, 그는 이런저런 정의로운 사람이나 행위에 관해 듣고자 했던 것이 아니었다. 그가 물었던 것은 정의 그 자체, 즉 그 모든 정의로운 사람이나 행위를 정의로운 것으로 규정하는 것이 무엇인가였다. 마찬가지 방식으로 존재자 그 자체란 무엇인가라는 물음에서도 각각의 모든 존재하는 것에 대해서 도대체 그것들을 존재하는 것으로 규정하는 것이 무엇인지가 물어진다.

그렇게 규정하는 것을 하이데거는 존재라고 부른다. 그래서 존재자 그 자체란 무엇인가라는 물음은 존재물음이라고 부른다. 전통 형이상학은 존재자가 존재를 통해서 어떻게 규정되는가를 인식하고자 시도했다. 그 결과 이데아, 본질, 실

체, 인과성과 같은 주요 개념이 등장하게 되었다.

하지만 하이데거는 전통 형이상학의 존재물음을 한층 더 근원적으로 파고들고자 한다. 존재자 그 자체란 무엇인가를 물을 때나 이데아, 실체, 인과성 등으로 그에 대해 답할 때나 '존재'라는 말은 이미 어떻게든 이해되어 있다. 전통 형이상학은 암묵적으로 특정한 존재이해에서 출발하여 존재자가 존재를 통해서 어떻게 규정되는가를 탐구했다.[35] 하지만 하이데거는 그러한 물음에 앞서서 먼저 존재가 그 자체로서 파악되어야만 한다고 본다. 즉 도대체 '존재'란 무슨 뜻인지가 먼저 파악되어야만 한다. 그래서 그는 "존재자란 무엇인가라는 물음에는 이 물음에서 이미 앞서 이해된 존재란 무엇을 뜻하는가라는 더 근원적인 물음이 깔려 있다"(KPM, 223)고 주장한다. 앞선 비교를 다시 끌어들이자면, 이 주장은 이런저런 정의로운 것들을 정의로운 것으로 규정하는 것은 무엇인가라는 물음에 대하여 그에 앞서 일단 도대체 '정의'라는 말로 무엇이 이해되

---

35 전통 형이상학에서 두드러진 존재이해에 따라서 이해된 존재를 하이데거는 전재존재(Vorhandensein)라고 부른다.

는지가 먼저 물어져야 한다는 주장과 비슷하다.

자신의 주장이 정당함을 피력하기 위해서 하이데거는 '존재'라는 말로 이해되는 바가 철학사에서 다종다양했음을 지적한다. 첫째로, 그것은 무엇-임Was-sein 내지 본질essentia을 뜻한다. 이는 한 존재자를 그 무엇인 바에서 가능하도록 해 주는 것이다. 가령 하나의 책상을 책상으로서 가능하도록 해 주는 것이 책상의 본질이다. 그래서 본질은 가능성이라고 불린다. 또한 고대 그리스 철학자들은 특정한 존재자가 무엇인가에 대해 답변을 주는 것은 그 모습 내지 형상Aussehen, eidos이라고 파악했다. 그래서 존재자의 무엇임은 '보다'라는 뜻의 동사 idein에서 파생한 idea라고도 불렸다. 둘째로, 그것은 그저-있음Dass-sein 내지 실존existentia을 뜻한다. 어떠한 존재자에 대해서도 그 무엇이라고 규정된 존재자가 실제로 있는지 그렇지 않은지를 물을 수 있다. 본질이 가능성이라고 불린다면 실존은 현실성(실제성)Wirklichkeit이라고도 불린다. 셋째로, 그것은 참으로-있음Wahr-sein(참임)을 뜻한다. 하이데거는 이런 의미의 존재가 모든 명제의 '이다ist'에서 뚜렷하게 나타난다고 본다. 일찍이 아리스토텔레스가 지적했듯이, '이 탁자는 붉은색이다'

라고 진술하는 것은 '이 탁자가 붉은색임은 참이다'라고 진술하는 것과 사실상 같다. 하이데거는 '참임'은 그런 진술에서만이 아니라 존재자와의 모든 관계에서 이미 나타난다고, 아니지각적 관계에서 더욱 근원적으로 나타난다고 본다. 지각적관계에서 탁자의 붉음('탁자가 붉은 것으로 있음')이 발견될 때, 이존재('-으로 있음')에 이미 한 존재자('탁자')가 어떠어떠하게 열어밝혀진다는 의미에서 진리가 들어 있다.

이처럼 '존재'에는 다양한 의미가 있다. 이러한 다양성으로부터 여러 철학적 물음이 불거진다. 각각에서 '존재Sein'는 동일한가, 아닌가? 모든 존재자의 존재가 그 무엇임과 그저-있음으로 분절된다면, 어떤 연유로 그러한가? 무엇-임과 그저-있음의 통일성이 성립하는가, 그렇지 않은가? 만일 성립한다면 어디에서 그런 통일성을 구할 수 있는가? 등등. 하이데거에 따르면, 이 모든 물음의 근저에는 "존재로서 존재란 무엇인가"(KPM, 224)라는 물음이, 달리 말해서 "'존재'란 무슨 말인가?"라는 물음이 놓여 있다. 이 물음에 답할 때만 그 모든 물음에답할 수 있다. 또한 그 물음에 답한다는 것은 존재를 존재로서 규정하는 것과 같고, 존재 일반의 개념을 파악하는 것과 같다. 이러한 물음의 탐구가 모든 존재론적 탐구의 근간이다. 이것이 하이데거 자신이 『존재와 시간』에서부터 추구했던 철학적 기획이었다.

하이데거는 '존재자 그 자체란 무엇인가'에 대해서뿐만 아니라 "존재"란 무슨 말인가'에 대해서도 '존재물음'이라는 동일한 용어를 사용한다. 하지만 혼동을 피하기 위해 앞선 물음만을 '존재물음'이라고 부르고, 그것과 구별되는 지금의 물음은 '존재의미물음'이라고 부르는 편이 나을 듯하다. 그렇다면 이상의 논의를 이렇게 요약할 수 있겠다. 존재물음을 철학적 문제로 발전시킨 결과, 존재의미물음에 부딪혔다고.

이제 중요한 것은 존재의미물음에 대한 답변을 어디에서 구할 수 있을지의 문제다. 하이데거는 『존재와 시간』의 핵심 용어 가운데 하나였던 "존재이해"에서 구할 수밖에 없다고 답한다. 그 개념을 파악해야 할 존재란 바로 인간이 여하한 존재자와의 온갖 관계에서 이미 항상 어떻게든 이해했던 것이다. 인간이 언제나 어떤 식으로든 존재자와 관계를 맺는 한에서, 존재는 이미 늘 선개념적으로 이해되어 있다. 하이데거에 따르면, 오직 이러한 선개념적 존재이해로부터만 존재를 개념적으로 파악할 가능성이 마련된다. 존재의미물음 자체가 선개념적 존재이해에서 생겨난다. 결국 존재의미물음의 추구는 존재이해에 대한 탐구, 그 본질과 가능성에 대한 탐구에서 출발해야만 한다.

철학적 물음의 질서			
존재자 전체에 대한 물음	존재자 그 자체에 대한 물음 (=존재물음)	존재 그 자체에 대한 물음 (=존재의미물음)	존재이해의 가능성에 대한 물음

41절 존재이해와 인간 속 현존재

이로써 형이상학 정초를 더욱 근원적으로 반복하겠다는 하이데거의 기획은 인간의 존재이해 가능성에 대한 물음으로 귀착했다. 하지만 이 물음이 어떻게 인간 유한성의 문제와 연결되는지는 아직 해명되지 않았다. 하이데거는 존재이해의 특징을 규명하면서 이것이 어떻게 인간 유한성의 문제와 연관되는지를 보여 주고자 한다.

우선 존재이해는 인간에게 ① '광범위'하고, ② '지속적'이다. 하이데거는 모든 발언과 진술에는 암묵적이든 명시적이든 '이다'가 포함되며, 거기에서 존재가 이해된다고 주장한다. 예컨대 '오늘은 휴일이다'에서도 존재가 이해된다. 심지어 단순한 외침 —불(이야)!— 에서도 불이 났음이, 즉 화재가 '있음'이 이해된다. 그렇지 않다면 우리는 그처럼 말할 수 없을 것이다. 나아가 특별히 존재자에 관해 무언가를 입밖으로 내지 않고 아무말 없이 존재자와 관계하는 곳에서도 존재자의 존재가, 즉 그 무엇-임, 그저-있음, 참-임이 서로 어우러진 채로 이해된다. 이는 우리가 존재자와의 관계에서 존재자의 무엇-임을 항상 신경쓰고, 존재자의 그저-있음을 경험하거나 때로는 부정하며, 존재자의 참-임 여부를 판단하고 때로는 오판한다는 사실에서 분명하다. 이 모두에는 이미 존재이해가 깔려 있다. 끝으로 하이데거는 특정한 존재자와의 관계를 넘어서는 온갖 기분에서도 우리 자신의 존재가 우리에게 드러난다고 지적한다. 즉 자신의 존재의 이해가 매 기분에 스며 있다. 요컨대, 인간은 언제 어디서나 존재를 이해한다.

이처럼 존재이해는 광범위하고 지속적이다. 하지만 바로 그로 인해 존재는 동시에 ③ '무규정적'이고, ④ '의문의 여지

없이' 받아들여진다. 존재이해 속에서 우리는 물체, 식물, 동물, 인간, 수 등의 존재양식이 서로 다름을 알지만, 그 차이를 개념적으로 파악하지는 못한다. 존재자와의 관계 근저에 놓인 존재이해는 이처럼 철저히 무규정적이다. 존재는 그저 선개념적으로 이해될 따름이다. 그뿐만 아니라 존재는 아무런 의문의 여지 없이 이해된다. 관심을 끄는 것, 그래서 의문에 부쳐지고 논쟁이 되는 것은 언제나 존재자이지 존재가 아니다. 존재는 아무 방해도 받지 않은 채로 자명하게 이해된다. 이것이 존재물음이 쉽게 던져지지 않는 이유이기도 하다.

인간은 존재하는 것들의 한복판에서 자신이 아닌 존재자와 자기 자신이라는 존재자를 동시에 이미 항상 존재자로서 개방했다. 하이데거는 이러한 인간의 존재양식을 실존이라고 부른다. 실존, 그리고 존재자와의 모든 관계는 오직 존재이해에 근거를 두고서만 가능하다. 존재이해가 일어나지 않는다면 인간은 존재자를 존재자로서 개방하는 관계에 있을 수 없고 실존일 수도 없다. 인간이 인간으로서 실존하려면 반드시 존재이해가 필요하다.

형이상학 정초의 반복이라는 과제와 관련하여 중요한 것

은 이처럼 인간 실존에 필수적인 존재이해가, 하이데거에 따르면, 인간 실존의 유한성의 토대라는 점이다. 그는 제1편에서 칸트에게서 인식의 본질을 해명하면서 존재자를 수용해야만 한다는 직관의 유한성이 형이상학 정초의 출발점임을 보여 주었다. 이제 그는 칸트에게서의 인식과 직관의 유한성을 실존의 유한성으로 한층 심화하고자 한다.

하이데거는 우선 실존의 유한성을 몇 가지 키워드 —'지탱', '의존', '넘겨짐', '떠넘겨짐'— 를 중심으로 설명한다. 인간은 항상 자신이 아닌 존재자와의 관계 속에서 실존하며, 자신이 아닌 존재자에 의해 계속해서 '지탱'되고 그것에 '의존'한다. 여기서 '지탱'과 '의존'은 경험적이거나 존재자적인 의미로 해석되어선 안 될 것이다. 이를테면 인간의 몸이 건축물에 의해 지탱되고 살기 위해 음식에 의존한다는 단순한 뜻이 아닐 것이다. 그보다는 인간 실존은 그것이 어떠한 존재자이든 자신이 아닌 존재자에 의해 지탱되고 또 그것에 의존할 수밖에 없는 처지라는 뜻일 것이다. 그 방식이 어떠하든 인간은 실존하면서, 『존재와 시간』에서 세계-내-존재라는 용어가 보여 주듯이, 자신이 아닌 온갖 존재자들에 의존하지 않을 수 없다. 그것들이, 또는 그것들과의 관계가 인간 실존을 지탱한다. 인간은 자신이 누구인가 하는 것을 자신이 아닌 존재자에의 의존 관계로부터 형성한다. 유아론적으로 홀로 존재할 수 없는 인간은 다른 존재자들과의 관계로부터 자신의 존재를 형성한다. 더욱이 『존재와 시간』의 일상성 분석에서와 같이 인간은 우선 대개 도구적 존재자들의 쓰임새 지시 연관 전체 속에서 뿌리 내린 채 실존한다.

따라서 존재자에의 지탱과 의존 관계는 아무리 문화적 수준이나 과학기술이 발달한다고 해도 극복될 수 있는 성질의 것일 수 없다. 그래서 하이데거는 "인간은 근본적으로 온갖 문화와 기술에도 존재자의 주인이 될 수 없다"(KPM, 228)고 단언한다. 여기서 '주인이 될 수 없다'는 표현은 또한 인간은 본래 자신이 아닌 존재자가 지니는 구속력에 언제나 자신을 맞추어야만 하는 처지라는 사실을 시사한다. 문화와 기술은 존재자의 성질을 간파하여 그것을 활용하거나 때로 일정한 한계 내에서 그 힘을 다른 식으로 변용하여 존재자를 더욱 유용하게 조작해 낸다. 하지만 이때도 인간이 존재자의, 궁극적으로는 그 존재구성틀의, 내재 구속력을 자유자재로 다룰 수 있는 것은 아니다. 또한 하이데거는 동일한 사정으로 인해 인간은 자기 자신인 존재자에 대해서도 근본적으로 지배하거나 마음대로 제어할 수 없다고 본다.

　인간이 존재한다는 것은 이처럼 존재하는 것들의 전체로 침투하여 그 한복판에서 무수한 존재자에 의존하는 식으로 실존한다는 것이다. 그런 의미에서 인간은 자신이 아닌 존재자에 '떠넘겨져' 있다. 인간 자신이 내던져진 존재자 전체는 그 자신이 존재하기 이전부터 존재했다. 인간은 자신이 아닌 그런 존재자 전체로 보내지고 그에 의해 지탱되며 그에 의존하는 식으로 자기 자신으로 있다기보다는 오히려 자신이 아닌 존재자에게로 떠넘겨진 채로 살아간다. 인간 현존재의 사실성을 구성하는 그런 존재자 전체에 대해 인간은 무력하다. 하지만 아무리 그렇다고 해도, 여전히 인간 현존재는 자기 자신인 존재자에 '떠맡겨져' 있는 처지일 수밖에 없다. 즉 그는 자신의 존재에 대한 책임을 스스로 떠맡지 않을 수 없는 처지에 있다. 자신이 아닌 존재자가 자기 삶의 지반을 이룬다고 해서 거기에 자기 존재의 책임까지 떠넘길 수는 없다. 이처럼 자신이 아닌 존재자에 철두철미 넘겨져 있으면서도 자신인 존재자를 떠맡아야만 한다는 근본사실이 하이데거가 『존재와 시간』에서 논한 피투성Geworfenheit의 핵심이다.

이처럼 인간 실존은 자신이 아닌 존재자에 의해 '지탱'되고 그에 '의존'하는 식으로 거기에 '넘겨져' 있으면서도 자신을 '떠 맡아야' 하는 처지이다. 이 모두를 포괄하는 의미에서 인간 실존은 본질적으로 유한하다. 이런 모든 존재자와의 관계에서 인간은 자유로운 처분 권한이 없다는 뜻에서 무력하다.

형이상학 정초의 맥락에서 중요한 것은 인간 실존의 유한성을 구성하는 존재자와의 관계가 바로 존재이해에 근거를 둔다는 사실이다. 마주치는 존재자가 좌우간 존재자로서 개방될 수 있으려면 선행적인 존재이해가 필수적이다. 인간 현존재는 자신에게 부딪쳐 오는 모든 것을 아무튼 존재자로서 존재하도록 했어야만 한다. 이것이 존재이해에서 이루어진다. 존재이해에서만 존재자 전체를 개방하면서 그리로 내던져져 그 한복판에서 자기 자신을 하나의 존재자로 떠맡아야만 하는 실존이 가능해진다. 역으로 존재이해가 없다면 인간 실존의 유한성을 규정하는 존재자와의 관계란 애당초 성립할 수 없다. 이런 점에서 하이데거는 인간 실존을 철저히 지배하는 존재이해가 실존적 유한성의 내적 근거라고 말한다.

　나아가 하이데거는 존재이해가 유한성의 근거라고뿐만 아니라 존재이해 자체가 근원적인 유한성, "유한한 것에서 가장 유한한 것", "유한성의 가장 내적인 본질"(KPM, 229)이라고도 주장한다. 왜냐하면 존재이해는 광범위하고 지속적이지만 바로 그 때문에 투명한 개념 파악과는 아주 거리가 먼 '무규정성'을 띠기 때문이다. 하이데거는 이러한 존재이해의 유한성을 여기서 '은폐성Verborgenheit'이라고도 부른다. 존재는 아무리 이해된다고 해도 존재자처럼 파악되고 장악되지 않는다. 이런 뜻에서 하이데거는 존재이해 자체가 근원적으로 유한하다고 표현한다.

　존재물음을 존재의미물음으로 발전시키고 그 물음을 파악하면서 부딪힌 존재이해의 문제는 다시 인간 실존의 유한성 문제를 노정하였다. 형이상학 정초의 문제를 반복하는 과제는 이렇게 존재이해의 문제를 통해 인간 유한성의 문제에 엮인다. 하지만 존재이해의 문제나 유한성의 문제는 결국 인간 현존재의 존재에 대한 물음으로 수렴된다. 즉 도대체 인간 현존재의 존재가 어떠하기에 그로부터 존재이해가 가능해지고 또한 존재자 한가운데에서의 그 실존이 유한성으로 점철될 수밖에 없는가라는 물음으로 귀착한다.

그래서 존재이해와 실존의 유한성이 자신의 존재구성틀에 속하는 그런 존재자에 대한 탐구가 형이상학 정초의 문제를 반복하는 과제의 첫 작업이 된다. 하이데거의 견지에서 보면 칸트의 『비판』은 그런 탐구의 최초 사례였고, 『존재와 시간』도 그런 탐구에 바쳐진 저작이었다. 이는 한 존재자, 곧 현존재의 존재구성틀에 대한 탐구로서 그 자체가 물론 하나의 형이상학이다. 하이데거는 그러한 형이상학에 "현존재의 형이상학"이라는 명칭을 붙인다. 요컨대, 형이상학 정초는 현존재의 형이상학에서 전개되어야만 한다.

C. 기초존재론으로서 현존재의 형이상학

하이데거는 "현존재의 형이상학"이라는 용어가 중의적이라고 해설한다. 그것은 우선 현존재에 '대한' 형이상학을 뜻한다. 즉 이 형이상학에서 다루어지는 주제는 현존재다. 여기에만 초점을 맞추면 그 용어는 동물학이 동물에 대한 학문이라는 말과 비슷하게 들린다. 그렇다면 "현존재의 형이상학"은 눈앞에 현전하는 존재자를 대상화하는 여느 학문과 마찬가지로 탐구 주제를 대상화하는 학문일 뿐일 것이다. 하지만 이는 중대한 오해다. 하이데거에 따르면, "현존재의 형이상학"은 또한 현존재 자신의 본질적 가능성으로서 자신의 실존에서 일어나는 형이상학을 가리키기 때문이다.

따라서 현존재의 형이상학은 동물학처럼 단순히 학습될 수 있는 지식이나 정보가 아니다. 그것은 현존재 자신의 본질적 가능성이기 때문에 각자의 현존재가 자신의 실존 수행을 통해서 스스로 새로이 완성해야만 하는 성격을 가진다. 달리 말해서 현존재의 형이상학이라는 가능성은 누군가에게는 그저 숨겨진 사건으로 남아 망각될 수도 있고, 반대로 다른 누군가에게는 진지하게 일깨워져 그 완수가 시도될 수도 있다. 하이데거는 바로 칸트라는 인물에게서 후자의 모범적 사례를 본다. 하지만 동시에 칸트의 시도가 ―앞서 언급한 '회피'의 문제에서 확인되듯이― 그것이 얼마나 어려운가도 보여 준다고 말한다. 하이데거는 현존재의 형이상학이 어떻게 구체적으로 실현되어야 하는가를 숙고하면서 기초존재론의 이념을 제시하고 그 이념에서 따라 집필한 자신의 저작,『존재와 시간』을 새로이 해석한다.

42절 기초존재론이라는 이념

현존재의 형이상학은 존재이해의 내적 가능성을 해명하기 위해서 현존재의 존재구성틀을 분석한다. 현존재의 존재를 분석하는 작업으로서 그것은 하나의 존재론이다. 하지만 존재론의 기초를 놓는다는 점에서 그것은 단지 하나의 존재론이 아니라 기초존재론이다. 실제로『존재와 시간』에서 제시된 현존재 분석론은 기초존재론의 이름으로 수행되었다.『비판』을 형이상학 정초로 해석하는 앞선 작업을 이끌었던 것도 기초존재론이라는 이념이었다. 하이데거는 도입부에서부터 이를 아주 분명히 밝혔다.

하이데거는 현존재의 형이상학에서 기초존재론은 단지 그 첫 단계라고 말함으로써 엄밀히 보아 두 용어가 구별됨을 알려 준다. 현존재의 형이상학은 존재이해의 가능성을 해명해 줄 현존재의 존재구성틀을 분석하는 작업, 곧 기초존재론 외에도 현존재에 관한 다른 형이상학적 논의를 포함한다. 기초존재론이 단지 첫 단계라면, 그 다음 단계 중에는 이를테면 존재자 전체 속에서 유한한 실존의 의미가 포함될 것이다.[36] 하지만 하이데거는 여기서 이에 대해 언급하지 않고 기초존재론으로서 현존재의 형이상학에만 집중한다. 그런 한에서 이 책에서 두 용어는 사실상 동일한 것을 지시한다고 보아도 무방하다.

여느 존재자의 존재와 마찬가지로, 현존재의 존재도 현존재 자신의 "이해" 속에서만 접근될 수 있다. '이해'라는 용어는 해석학적 전통에서 자연과학적 인식 방식인 설명에 대비되는 인문학적 인식 방식을 가리킨다. 하지만 『존재와 시간』에서 하이데거는 이해를 현존재의 실존을 구성하는 근본계기라고 설명한다. 그에게 이해는 훨씬 광범위하고 근본적이면서도 그만큼 함축적이고 무규정적이다. 그것은 개념적 인식이나 진술 형태의 인식에 앞선다. 현존재의 존재는 다른 존재자의 존재와 더불어 그런 선개념적인 존재이해 속에서 이미 항

---

36 이와 관련하여 하이데거는 1928년 여름학기 강의에서 기초존재론 다음 단계의 형이상학을 '메톤톨로기(Metontologie)'라는 이름으로 구상한다. GA 26, 199-202 참조.

상 이해되어 있다.

하이데거는 『존재와 시간』에서부터 자신이 말하는 '이해'가 구상^{Entwurf}의 성격을 가진다고 설명한다.[37] 현존재의 존재가 선개념적으로 이해된다고 함은 현존재의 윤곽이, 곧 그 존재구성틀이 미리 개략적으로 스케치됨을 뜻한다. 나아가 하이데거는 존재이해에서 구상된 존재구성틀을 존재론적인 개념으로 명료화하는 작업은 부득이 구성^{Konstruktion}의 성격을 가질 수밖에 없다고 본다. 《현상학의 근본문제》라는 제목으로 1927년 여름학기에 진행된 강의에서 하이데거는 "현상학적 구성^{Konstruktion}"을 "자유로운 구상^{Entwurf}"(GA 24, 29)이라고도 부른다. 하지만 그렇다고 해서 이때의 구성이 무언가를 자의적으로 고안하는 날조를 뜻하는 것은 결코 아니다. 현상학적 구성으로서 기초존재론적 구성은 점차로 더욱 정교하게, 명시적으로 개념을 파악해 나가기 위한 발판을 확보할 뿐만 아니라, 그 모든 작업을 미리 이끌어 주는 역할을 맡는다. 그러한

---

37 독일어 Entwurf는 초안, 설계, 기획, 구상 등을 뜻한다. 하지만 어원적으로 보면 그것은 Ent-와 -wurf로 구성되고 후자는 던지다, 투사하다 등을 뜻하는 동사 werfen에서 나왔다.

구성이 진리로 확인되는 것은 그것을 통해서 현존재가, 곧 자신이나 남들이 자신의 실존 수행 속에서 직접 형이상학의 사건을 구체적으로 실현할 때다.

하지만 기초존재론적 구성은 그것이 구성인 한에서 자신을 "결코 유일하게 가능한 것으로 요구 주장할"(KPM, 237) 수 없다. 존재이해에 내재하는 은폐성은 존재이해 자체의 유한성을 뜻한다. 본질적으로 유한한 존재이해를 개념적으로 파악하려는 시도로서 기초존재론적 구성 또한 그 자체로 유한할 수밖에 없다. 그것은 절대성을 내세울 수 없다. 유한성에 대한 절대적 인식과 같은 것은 존재하지 않는다.[38] 그저 끈질기게 형이상학의 근본물음을 근원적으로 물어 나가면서 구성을 시도하는 것, 그것이 방법론적 최선이다.[39]

우리는 부단히 존재를 이해한다. 하지만 그러한 존재이해의 사실을, 곧 형이상학의 사건을 또한 부단히 잊는다. 우리의 관심은 언제나 일차적으로 존재자를 향하기 때문이다. 그

<hr />

38 이에 대한 명시적 언급으로 KPM, 236 참조.
39 KPM, 237 참조.

래서 하이데거는 기초존재론적 구성을, 현존재가 존재이해의 사실을 망각으로부터 다시 일깨우도록 하는 작업이라고, 곧 플라톤의 상기론을 연상시키려는 듯이 일종의 "재상기"(KPM, 233)라고 일컫는다. 기초존재론을 통해서 말하자면, '동굴 속의' 현존재는 자신이 일상적 삶에서 망각했던 형이상학적 사건을 재상기하고, 그 내적 가능성을 구체적으로 실현하게 된다.[40]

43절 기초존재론의 착수와 진행

하이데거는 『존재와 시간』에서 제시했던 자신의 작업, 즉 현존재 분석론을 그런 '재상기'로 간주하면서 그것을 기초존재론적 이념에 따라 새롭게 해석한다. 그러면서 자신의 저작에 대한 당대의 여러 해석, 예컨대 그것을 인간학이나 심리학, 세계관철학, 문화비판 등으로 간주하는 해석을 오해로 일축하고자 한다. 여기서 하이데거는 흥미롭게도 각주를 통해서 『존재와 시간』에 제기된 "실로 다양한 '반론'"(KPM, 234, n.293)에

---

40 GA 24, 463-465 참조.

대한 입장을 별도의 출간물에서 표명하겠다고 선언하였는데, 안타깝게도 이는 이후에 실현되지 못했다.

『존재와 시간』 제1편에서 다루어졌던 주제는 현존재의 일상성이었다. 하이데거에 따르면, 일상성 분석은 단순히 문화비판이나 세계관철학이 아니라 존재이해가 일상적 존재양식에서 어떻게 망각되고 억압되는가를 보여 주려는 의도에서 이루어졌던 것이다. 그러면서 하이데거는 거기서 고안했던 개념들을, 실제로 원래 서술되었던 대로보다 훨씬 더 기초존재론의 이념에 부합하게, 또한 특히 실존의 유한성을 더욱 고려하여, 하나씩 재해석한다. 먼저 현존재의 존재의 세 핵심계기, ① 기획투사Entwurf(구상), ② 피투성Geworfenheit, ③ 퇴락이, 다음으로 그 계기들의 통일성으로서 ④ 염려Sorge가, 끝으로 ⑤ 불안이 언급된다. 이는 『존재와 시간』의 서술 순서와 일치한다.

① 일상성에서 현존재는 마치 오로지 존재자만이 주어진다는 듯이 존재자와 교섭하는 데 전념한다. 하지만 그 모든 교섭의 근저에는 현존재의 초월이, 즉 세계-내-존재가 놓인다. 초월로서 세계-내-존재가 주체-객체 관계를 비롯하여 존

재자와의 모든 교섭을 사전에 가능하게 한다. 하이데거의 재해석에 따르면, 일상성에서 망각된 이러한 진실을 폭로하는 것이야말로 일상성 분석의 의도였다. 물론 그러한 초월은 존재이해에서 일어난다. 존재자만이 아니라 존재 또한 주어진다. 일상적 현존재의 존재이해에서도 존재자의 존재가 '기획투사(구상)'된다. 그러나 일상적 존재이해에서 존재는 무규정적으로 주어진다. 제대로 분절되지도 않고 전체적으로 개방될 뿐이다. 또한 존재와 존재자의 차이조차도 은폐된다. 인간도 그저 여러 존재자 가운데 하나로 나타날 따름이다.

하이데거가 언급하지는 않으나 기획투사(구상)에 대한 이러한 재해석은 『존재와 시간』에서의 서술과 몇 가지 점에서 차이가 난다. 『존재와 시간』에서 그 용어가 무엇보다도 현존재가 자신을 자신의 가능성으로 기획투사한다는 뜻이었다면, 지금의 재해석에서는 일차적으로 존재이해와 관련된다. 또한 『존재와 시간』의 일상성 분석에서 이해라는 개념은 초월의 구조에 따라서 파악되지도 않았다.

② 현존재 분석론의 일상성 분석에서는 초월의 구조 대신 이해/기획투사가 어떻게 심정성/피투성과 본질적 통일성을

이루는지의 해명이 중심이었다. 모든 이해는 '피투된' 이해다. 현존재는 피투된 채로, 즉 존재자 전체에 무력하게 의존한 채로 기획투사한다. 피투성은 단지 어느 부모, 어느 나라, 어느 신분이나 계급으로 태어났다는 사실을 가리키는 것만이 아니다. 피투성은 언제나 존재자 전체 속의 현존재를 휘어 감고 사로잡는 사건이다.

③ 하이데거에 따르면, 피투성이 얼마나 철저한가를 잘 드러내는 개념이 '퇴락'이다. 현존재는 철저히 피투되어 있기에 또한 공공의 세계와 세상 사람들에 '빠져' 있을 수밖에 없다. 하이데거는 퇴락이라는 용어로 당대의 세속적 인간을 문화비판적으로 평가하려는 의도는 조금도 없다고 덧붙인다. 퇴락은 엄밀히 존재론적 용어로서 기획투사 및 피투성과 더불어 현존재의 유한성을 구성하는 본질계기일 따름이다.

④ 따라서 기획투사, 피투성, 퇴락의 삼중적 통일성에 대한 명칭으로서 '염려'도 "인간의 삶에 대한 세계관 윤리적 평가"(KPM, 236)일 수 없다. 인간은 자신에게 마주치는 것을 존재자로서 개방할 수밖에 없다. 인간이 인간으로서 존재한다는 것은 바로 그런 존재자의 개방 속에서다. 그리고 그 존재자

의 개방은 존재이해를 필요로 한다. 선행적인 존재이해의 근거 위에서만 마주치는 것이 존재자로서, 즉 그 존재에서 개방될 수 있다. 그래서 하이데거는 "초월에서 현존재는 존재이해를 필요로 하는 자로서 자신을 나타낸다"(KPM, 236)라고 말한다. 기초존재론적 개념으로서 염려란 "현존재의 유한한 초월의 구조적 통일성"(KPM, 236)을 가리킨다.

⑤ 마지막으로 하이데거는 불안 또한 무슨 실존적 이상을 포고하는 세계관철학의 의도에서 제시된 것이 아님을 역설한다. 이로써 그는 자신의 불안 개념이 단지 세속적 삶의 무의미함과 공허를 뼈저리게 통감할 것을 촉구하려는 의도에서 제시된 것이 아님을 말하고 싶은 듯하다. 하이데거는 불안을 초월에서 자신이 무 속으로 들어가 머무는 사건으로 재해석한다. 이는 명백히 그가 「형이상학이란 무엇인가」(1929)에서 불안을 제시하는 방식과 일치한다. 초월에서 현존재는 존재자가 아닌 존재, 곧 무로 진입하여 머문다. 이렇게 무에 머묾으로써만 현존재는 또한 존재자의 한가운데서 이런저런 존재자를 상대할 수 있다. 자신을 안정적으로 떠받치는 확고하고 친숙한 존재자가 아니라 붙잡을 수 없는 심연과도 같은 무

속으로 진입하여 머무는 한에서 현존재는 불안 속에서 전율하지 않을 수 없다. 다만 그러한 전율이 일상성의 지배 속에서 철두철미 다시 은폐될 따름이다. 현존재의 가장 심오한 유한성이란 그저 이런저런 능력의 한계치로서 발견되는 속성이 아니라 이처럼 현존재를 전율하도록 만드는 근본사건이다.

44절 기초존재론의 목적

이상의 논의는 『존재와 시간』 제1편에 대한 하이데거 자신의 재해석이었다. 다음 과제는 염려를 시간성으로 해석하는 제2편을 역시 기초존재론의 이념에 따라 해석하는 작업이다.

『존재와 시간』에서 현존재의 존재구성틀은 염려로 제시되었고, 다시 염려의 의미는 시간성으로 파악되었다. 하이데거는 우선 이러한 자신의 시간론과 관련하여 제기되기 쉬운 오해 몇 가지를 물리친다. 첫째로, 현존재의 존재의미가 시간성이라는 논제는 현존재의 생이 유한하다는 뜻이 전혀 아니다. '시간적'이라는 말은 '초시간적'과 대비하여 그런 뜻으로 쓰이기도 한다. 하지만 생의 유한성이라는 의미의 유한성은 인간만이 아니라 모든 동식물에 대해서도 타당하다. 형이상학 정초에서 문제가 되는 유한성은 단순히 시간적 한정성을 뜻하지 않는다. 둘째로, 하이데거는 베르그송, 딜타이, 짐멜 등 당대에 유행하던 생철학이 인간의 생을 더욱 생생하게 포착하기 위해서 생의 시간성격을 새로이 규정하고자 시도했던 것과도 거리를 둔다. 그가 보기에 이들의 시간론은 형이상학의 근본물음을 따라서 제시한 자신의 시간론과 별 관련이 없다.

하이데거는 자신이 현존재의 존재의미를 시간성으로 밝혔던 작업이 오로지 존재 문제를 따라서 이루어졌던 것이라고 역설한다. 그에 따르면 '존재와 시간'의 문제는 이미 고대 그리스의 형이상학에서 막연하게나마 표출되었다. 고대 그리스인들이 존재이해의 내적 가능성을 묻는 식으로 형이상학 정초를 시도했던 것은 아니다. 그들은 존재를 그 자체로 해석하고자 시도하지도 않았다. 하지만 그들의 형이상학적 논쟁에서 존재는 언제나 일정한 방식으로 이해되었다. 하이데거에 따르면, 그들의 존재이해를 면밀히 분석하면 존재는 언제나 시간과 연관됨을 확인할 수 있다.

실제로 하이데거는 고대 형이상학에서 존재가 어떻게 시간의 지평에서 이해되는가를 여러 근거를 통해 보여 준다. 첫째로, 고대 형이상학이 존재자ontos on를 항존자aei on로 규정할 때, 그 항존성으로서 존재는 명백히 영원성 또는 부단한 지금이라는 시간에 따라 이해된다. 둘째로, 고대 형이상학에서 제일의 존재자가 우시아ousia나 파루시아parousia로 파악되었던 것에 대해, 하이데거는 존재가 근본적으로 현존이나 현재라는 시간에 따라 이해되었던 것이라고 해설한다. 셋째로, 아리스토텔레스에게서 존재자의 무엇-임은 '존재했던 무엇to ti en einai'으로 해석되었다. 여기서도 존재는 '늘 이미 존재했음'으로서 '계속해서'와 '먼저'라는 시간적 의미에 따라 이해된다. 넷째로, 존재론 전통에서 존재규정의 성격을 '선험적인 것'이라고 파악할 때도 '앞선'이라는 시간 계기가 나타난다. 마지막으로, 존재자를 그 존재에 따라 분류할 때도 존재자는 통상 인간이나 동식물처럼 시간적인 것, 수數와 논리처럼 비시간적인 것, 신처럼 초시간적인 것으로 규정된다. 이 모든 존재론적 전통에서 존재는 자명하다는 듯이 처음부터 시간의 지평에서 이해된다. 더 정확히 말해, 하이데거는 특히 고대 그리스인의 존재이해에서 "존재란 현존성에서의 지속성을 뜻한다"(KPM, 240)고 말한다.

존재의 이해가 이토록 광범위하게 시간으로부터 이루어진다면, 이제 물어야 할 것은 대체 그 근거는 무언가, 어째서 존재이해가 시간 지평으로부터 이루어지는가다. 하이데거는 자신이 『존재와 시간』에서 품었던 문제의식이란 바로 이러한 것이었다고 밝힌다. 따라서 형이상학적 탐구에서 시간론은 불가피하다.

하지만 서양 형이상학사에서 등장했던 모든 시간관에 대해 결정적이었던 아리스토텔레스의 시간론으로는 불충분하다. 하이데거에 따르면, 아리스토텔레스의 시간론은 처음부터 존재를 지속적 현존성으로 간주하는 존재이해에 의해 이끌렸다. 아리스토텔레스가 시간의 '존재'를 지금에서부터 파악했던 것은 그 때문이다. 지금이야말로 모든 시간 속에서 그때마다 지속적으로 현존하는 것이니 말이다. 또한 아리스토텔레스가 시간을 영혼 내지 마음속에서 일어나는 것으로 파악할 때도 그 영혼이나 마음의 본질 규정이 형이상학적 문제의식으로부터 이루어지지 않았다. 요컨대, 아리스토텔레스의 시간론은 존재를 그 자체로 묻지 않고, 그저 지속적 현존성으로 단정한 채로 시간의 '존재'를 탐구했을 뿐만 아니라, 주관의 존재 역시도 특별히 문제 삼지 않은 채로 시간을 주관과 연결하였다.

현존재의 존재의미를 시간성으로 밝히는 하이데거의 작업은 이러한 아리스토텔레스적 시간론의 한계를 넘어서려는 시도다. 고대 그리스의 존재론 및 그에 영향받은 이후의 모든 서양 전통에서 존재는 지속적 현존성으로 자명하게 이해되고 시간 역시 자명하게 지금에 입각하여 이해된다. 『존재와 시간』 서두에서 분명하게 밝히듯이 하이데거의 철학적 기획은 이러한 전통의 '해체'를 포함한다. 물론 '존재'와 '시간'에 대한 종래의 의미는 단순히 폐기되지 않는다. 하지만 지속적 현존성은 단지 존재의 한 방식으로 간주되고, 지금 계열의 연속으로서 시간은 단지 근원적 시간으로부터 파생하는 것으로 이해된다. 즉 종래의 의미는 일정한 한계 내에서만 정당성을 가진다.

근원적 시간으로서 현존재의 시간성은 현존재의 초월론적 구조다. 존재이해 속에서 초월하는 현존재의 존재를 통일적으로 지탱하는 근거다. 존재가 서양 형이상학사에서 내내 시간으로부터 이해되었던 것도 초월하는 현존재 자신의 존재구조가 근원적으로 시간적이기 때문이다. 하지만 일상에서 현존재는 공공의 세계와 세상사에 '퇴락'해 있기 때문에 우선 대개 일상에서 마주치는 사물에 몰두하게 되고, 그래서 사물적 존재자, 곧 지속적으로 현전하는 것으로부터 시간을 이해하게 된다. 그 결과, 아리스토텔레스를 비롯한 서양 형이상학사에서 시간은 언제나 지금의 연속으로 나타났던 것이다.

45절 기초존재론의 이념과 순수이성비판

칸트의 형이상학 정초는 서양 형이상학사 최초로 존재자의 존재가 어떻게 개방될 수 있는가를 철두철미하게 물었다. 칸트의 정초는 도식론에서 유한한 초월의 근본규정으로서 시간에 부딪힐 수밖에 없었다. 나아가 제3편의 근원적 해석이 보여 주었던 대로 지금 계열의 연속이라는 통속적 시간개념을 거쳐서 결국 순수자기촉발로서 시간이라는 근원적인 시간개념으로 소급될 수밖에 없었다. 또한 근원적 시간은 순수자아와 하나임이 밝혀졌다. 칸트의 형이상학 정초에서 불거진 이 모든 '존재와 시간'의 연관은 『존재와 시간』의 핵심 논제 ─'근원적 시간으로서 현존재의 시간성은 존재이해와 초월을 지탱하는 통일적 구조다'―를 예비한다.

칸트에게 근원적 시간의 통일성은 초월론적 상상력의 종합 활동에서 구성된다. 하이데거는 이러한 칸트의 작업이 서양 형이상학사에서 그토록 완고했던 지성의 우위를 뒤흔든다고 높이 평가한다. 초월의 본질이 순수 상상력, 나아가 시간성에 근거를 둔 것으로 밝혀질 때, 초월론적 논리학의 이념이란 의문스러워지고 만다.

물론 칸트는 재판에서 지성의 우위를 슬며시 다시 들여왔다. 나아가 헤겔을 비롯한 독일 관념론적 전통에서 지성의 우위는 그 어느 때보다도 더욱 확고해졌다. 형이상학의 근본물음을 언제나 인간 유한성의 문제에서 제기했던 칸트의 철학함은 망각되고, '물자체'를 쟁취하려는 싸움이 벌어졌다. 칸트에게 '물자체'가 오로지 신적 직관을 위해 예비되었다면, 독일 관념론에서 철학자의 순수사고는 무한한 직관을 요구 주장한다. 그러한 요구 주장에 따르면, 순수사고의 체계로서 논리학은 절대적 진리이자 신의 현시에 다름 아니다.[41]

---

41 이 책 출간 직후의 강의록에서 헤겔의 무한성에 관해 언급하는 부분은 참고할 만

칸트를 따라서 형이상학 정초의 과제를 반복하는 하이데거에게 헤겔과 독일 관념론은 인간의 유한성을 망각하는 퇴보일 수밖에 없다. 그렇지만 그의 견지에서 보건대, 독일 관념론에서 이른바 특수형이상학, 곧 본래적 형이상학이 부활한다는 사실은 결코 무의미한 것이 아니다. 하이데거는 『비판』을 기초존재론적으로 해석함으로써 형이상학 정초의 문제가 선명해졌지만, 이제까지의 모든 논의가 어떤 결정적인 문제 앞에서 멈췄다고 아쉬워한다.

칸트는 초월론적 분석론에 이어 초월론적 변증론을 전개한다. 그리고 거기서 일반형이상학의 본질에 대한 통찰에 따라서, 즉 순수지성개념의 적법한 사용범위를 감성의 영역으로 한정함에 따라서 전승된 특수형이상학을 물리친다. 하지만 하이데거에 따르면, 이것이 초월론적 변증론의 전부는 아니다. 초월론적 가상은 그저 전승된 특수형이상학에 빌미를 제공했고 이제 폐기되어야 할 것에 불과하지 않다. 하이데거에 따르면 칸트는 초월론적 가상이 불가피하다고 여긴다. 그

하다. GA 29/30, 208-209.

것은 현존재의 유한성에 본질적으로 뿌리박고 있는 초월론적 비진리로서 초월론적 진리와 근원적으로 하나다. 유한성의 본질에는 비진리, 즉 가상이라는 비본질이 속한다.

하이데거는 여기서 새로운 형이상학의 과제를 보는 듯하다. 하지만 그는 현존재의 유한성과 초월론적 비진리의 문제를 더 상세히 탐구하지 않은 채로 논의를 마무리한다. 분명하진 않으나 아마도 그 문제는 현존재의 형이상학에서 기초존재론의 다음 단계, 존재자 전체 속에서의 유한한 실존의 문제일 것이다. 이는 '칸트책' 출간 1년 뒤 열린 강연《진리의 본질에 대하여》(1930)에서 논의된 존재자 전체의 은폐성 문제와도 연결될 것이다.

3장

—

하이데거와 칸트

1. 해석의 폭력성 재고

1장에서 확인한 바처럼 『비판』을 형이상학 정초로 해석하려는 하이데거의 시도 자체는 그다지 폭력적일 것이 없다. 하지만 이러한 시도에서 독특한 점은 지성이 아니라 상상력을 순수인식에서 가장 중심적이고 근원적인 능력으로 부각한다는 것이다. 이것이 바로 논쟁을 일으킨다. 특히 제3편에서의 '더욱 근원적인' 해석이 논란 대상이다.

칸트는 초판에서 초월론적 상상력에 종합이라는 고유한

능력을 부여한다. 하지만 재판에서 종합 능력은 다시 지성에 할당된다. 그러니 재판을 기준으로 보면 초월론적 상상력이 순수직관과 순수지성의 매개자일 뿐만 아니라 둘의 근원이라는 해석은 명백히 무리한 것이 된다. 초판을 기준으로 보더라도, 상상력은 두 인식 요소의 매개적 중심일 수는 있겠으나, 그것이 둘을 낳는 근원이라는 해석은 과도하다. 무엇보다도 칸트에게 순수직관과 순수지성은 독자적 능력으로 여겨지기 때문이다.

순수직관과 순수사고를 모두 순수 상상력으로 소급하는 하이데거의 논증도 다분히 취약하다. 하이데거는 상상력이 ① 합일을 이루는 능력이라는 점, ② 자발성과 수용성을 동시에 지닌다는 점, ③ 상을 형성하는 능력이라는 점에 의거해서 순수직관과 순수사고에서도 그 세 가지 특성이 모두 확인되므로 두 능력도 결국 상상력에서 발원한다고 추론한다. 하지만 순수직관과 순수사고가 그 세 가지 특성을 보인다는 것이 사실이라고 하더라도, 이는 단지 두 능력이 상상력과 일치점이 있음을, 또는 두 능력이 반대로 상상력을 포괄하는 능력임을, 또는 두 능력이 상상력을 활용할 수 있는 능력임을 말해

주는 것일 수도 있다. 그렇다면 순수직관과 순수사고는 순수 상상력에서 발원하는 능력으로 간주될 수 없다.

결국, 하이데거는 이상의 논증에서 '두 줄기의 미지의 공통 뿌리'에 대한 칸트의 언급이 상상력을 가리킨다는 가정에 의존할 수밖에 없다. 그런 가정하에서만 저 논증이 설득력을 얻을 수 있다. 하지만 그 가정은 잘해 봐야 그럴듯한 추측 이상일 수 없고, 디터 헨리히Dieter Henrich와 같은 연구자의 지적에 따르면, 칸트에 대한 오해의 소산일 뿐이다.

초월론적 상상력의 종합 활동이 근원적 시간이라는 해석 및 그것이 곧 순수자아의 본래적 구조라는 해석도 마찬가지로 논란의 여지가 많다. 하이데거의 철학을 잘 아는 독자에게 두 해석은 현존재의 존재의미가 시간성이라는 자신의 논제를 칸트에게 적용한 것으로 비칠 것이 분명하다. 따라서 그 해석은 그저 아전인수 격 해석이 아닌지 의문이 제기될 수 있다.

이 모든 비판에도 불구하고 전혀 다른 견지에서 하이데거의 '더욱 근원적인 해석'을 옹호할 여지가 있음을 간략히 언급해 두어야겠다. 만일 하나의 해석을 평가하는 기준이 원저자가 텍스트에서 말했던 것으로부터 그의 의도를 충실하게 재현하는 것이라면, 하이데거의 해석, 특히 제3편에서의 해석은 좋은 점수를 받을 수 없다. 하지만 하이데거가 스스로 말하듯이 해석이란 철학적 대결로서 단지 원저자가 말했던 것을 넘어서 "말해지지 않은 것"(KPM, 201)을 텍스트로부터 끌어내는 것이라면, 그래서 텍스트에 숨겨진 사태적 진리를 밝혀내는 것이라면, 하이데거의 해석은 비록 폭력적일지언정 "사유하는 대화"(KPM, XVII)로서 용인될 수 있을 것이다. 이런 맥락에서 하이데거는 "모든 철학적 해석은 그 자체로 해체"(GA 31, 168)라고, 또 '올바른' 해석의 기준이 될 "칸트 자체"(GA 39, 145)는 없다고 말하기도 한다.[42]

물론 그러한 '근원적인' 해석에도 평가의 기준은 없을 수 없다. 그때 기준이 되는 것은 '칸트 자체'가 아니라 '말해지지 않은 것'을 파헤치려는 하이데거의 해석을 미리부터 이끌었

---

42 이처럼 전혀 다른 견지에서의 해석의 가능성과 의미에 대해서 하이데거의 제자 가다머는 자신의 철학적 해석학에서 깊이 성찰한 바 있다. 가다머가 『진리와 방법』(1960)에서 자신이 염두에 둔 해석의 사례로 칸트를 해석하는 하이데거를 언급했던 것은 결코 우연이 아니다. Hans-Georg Gadamer, *Wahrheit und Methode*. Tübingen: Mohr, 1993, 274 참조.

던 기초존재론이라는 이념이 과연 얼마나 사태적으로 적실한가다. 이에 대한 검토가, 이는 결국 전기 하이데거의 철학 전체에 대한 검토와 다를 바 없는데, 하이데거의 '더욱 근원적인 해석'을 평가할 기준을 제공할 것이다.

2. 칸트와 하이데거, '칸트책'과 『존재와 시간』의 거리

하이데거는 『존재와 시간』에서 현존재의 존재의미를 시간성으로 해석하고 존재 일반의 의미를 시간의 지평에서 해석하고자 한다. 기초존재론의 기획은 이런 맥락에서 '존재와 시간'의 연관을 밝히는 작업이다. 기초존재론의 이념에 따라 칸트를 해석하는 '칸트책'에서도 '존재와 시간'의 연관이 확인된다. 존재자가 대상으로 맞설 수 있는 지평은 시간의 지평이기도 하다. 항구성이나 변천과 같은 '초월론적 시간규정'으로서 순수한 시간상이 실체나 우유와 같은 관념을 존재론적 술어로 감성화하여 존재자가 대상으로서 맞설 수 있는 지평을 형성한다. 이처럼 '존재와 시간'의 연관이 '칸트책'과 『존재와 시간』을 연결한다. 하지만 더 깊이 들어가 고찰하면, 따져 볼 문제들이 여럿이다.

우선 시간과 관련하여, '칸트책'에서 언급된 근원적 시간은 『존재와 시간』에서 언급된 시간성과 일치하는가? 둘을 어떤 관계로 보아야 할 것인가? '칸트책'에서 근원적 시간은 초월론적 상상력의 세 순수종합 활동의 통일적 구조로 밝혀진다. 상상력의 삼중적으로 통일적인 활동은 지금 계기의 순수한 연속이라는 의미의 시간을 발원하게 한다는 의미에서 근원적 시간이다. 『존재와 시간』에서 근원적 시간은 현존재의 존재의 미로서 역시 삼중적으로 통일적인 "시간성Zeitlichkeit"으로 밝혀진다. '칸트책'에서 하이데거가 근원적 시간을 가리켜 '시간성'이라는 표현을 한 차례 사용(KPM, 205)했던 것도 우연이 아니다. 또한 『존재와 시간』 81절에서 분석된 통속적 시간, 곧 끝없이 한 방향으로 흘러가는 지금의 연속으로서 시간은 '칸트책'의 '지금 계기의 순수한 연속'으로서 시간과 일맥상통하는 것으로 보인다. '칸트책'에서 근원적 시간으로부터 지금 계기의 순수한 연속으로서 시간이 발원하듯이, 『존재와 시간』에서도 시간성으로부터 지금-시간이 발원한다. 이로부터 '칸트책'에서의 근원적 시간과 『존재와 시간』에서의 시간성 사이의 관계 설정이 문제가 된다. 『존재와 시간』에서 시간성은 다시 본래적인 시간성과 비본래적이고 일상적인 시간성으로 나뉘는데, '칸트책'의 근원적 시간은 분명 일상적 시간성과 더 근접할 것이다. 하지만 둘을 바로 동일시하기는 또 쉽지 않은 면이 있다. 『존재와 시간』의 일상적 시간성도 엄연히 현존재의 시간성인 반면에, '칸트책'의 근원적 시간은 여전히 순수 자기의식의 시간이기 때문이다. 둘 사이에는 현존재와 자기의식의 차이만큼 일정한 거리가 있다.

다음으로 존재와 관련하여, '칸트책'에서 순수인식, 곧 존재론적 인식에서 인식되는 것에 해당하는 존재와 『존재와 시간』의 존재물음에서 물어지는 존재는 어떤 관계에 있는가? 이에 대한 답은 비교적 분명하다. 둘은 결코 동일시될 수 없다. 칸트의 형이상학 정초에서 정초되는 존재론적 인식은 단지 전재적 존재Vorhandensein(눈앞에 있음)를 인식할 따름이다. 반면에 하이데거의 '존재이해'에서 이해되는 것은 전재적 존재로 환원될 수 없는 존재 일반이다. 여기에는 현존재의 존재, 곧 실존과 도구적 존재자의 존재, 곧 용재적 존재Zuhandensein(손안에 있음), 그리고 생명체의 고유한 존재양식 등이 모두 포괄된다. 무엇보다도 현존재 분석론에서 문제가 된 존재는 실존과 용재적 존재이지 전재적 존재가 아니다.

하이데거의 견지에서 보건대, 칸트의 형이상학 정초는 자연적 존재자 일반 또는 대상적 존재자 일반의 존재론적 정초다. 여기에는 자연과학적으로 인식되는 자연(곧 뉴턴법칙에서 표현되는 자연)뿐만 아니라, 지각적 인식 대상(곧 개, 나무, 책상 따위)으로서의 자연 일반, 아울러 심리적 자연(곧 욕구나 감정 따위)까지도 모두 포함된다. 하지만 현존재의 고유한 존재양식이나 매일의 일상을 살아가는 현존재가 마주치는 온갖 존재자, 곧 도구적 존재자의 존재양식은 칸트적 형이상학 정초를 통해서 정초될 수 없다.

따라서 칸트적 존재론적 인식에서 인식된 존재가 『존재와 시간』의 존재이해에서 이해된 존재와 동일할 수 없음은 아주 분명하다. 하지만 그렇다면 두 존재가 어떤 관계에 있는지가 물어져야만 한다. 『존재와 시간』에서 하이데거는 용재적 존재가 전재적 존재보다 존재론적으로 우위에 있다고 말한다. 그러므로 『존재와 시간』에서의 존재, 특히 용재적 존재가 '칸트 책'에서의 존재보다 우위에 있다고 볼 수 있다. 여기에는 중대한 함축이 있다. 즉 그런 우위 관계 설정은 실체성, 인과성, 상호성을 비롯한 칸트의 대상성 범주들은 용재적 존재에 적용될 수 없음을 시사한다. 또한 칸트의 대상성 지평에서 용재적 존재자는 용재적 존재자로서 나타날 수 없음을 뜻한다. 이와 더불어 물어야 할 것은 전재자가 전재자로서 나타나는 대상성의 지평과 —『존재와 시간』에서 논의되는— 용재자가 용재자로서 나타나는 쓰임새 지시 연관 전체의 지평은 어떤 관계에 있는가다. 물론 이는 더 많은 연구가 필요한 물음이다. 그저 거칠게 답하자면, 존재론적으로 우위에 있는 것이 쓰임새 지시 연관의 지평이니, 일상적으로 존재자는 쓰임새 지시 연관의 지평에서 용재적 존재자로서 개방되지만, 인식의 시선이 등장하면서 존재자는 대상성의 지평에서 전재적 존재자로서 우리에 대해 맞서게 된다고 말할 수 있을 것이다.

참고문헌

Kant, Immanuel. 1998. *Kritik der reinen Vernunft*. Hamburg: Meiner; 칸
트, 임마누엘. 2006. 『순수이성비판』. 백종현 옮김. 아카넷.

Gadamer, Hans-Georg. 1993. *Wahrheit und Methode: Ergänzungen und
Register. Gesammelte Werke*. Bd. 2. Tübingen: Mohr.

Heidegger, Martin. 1977. *Sein und Zeit. Gesammtausgabe*. Bd. 2. Frankfurt
am Main: Vittorio Klostermann; 하이데거, 마르틴. 1998. 『존재
와 시간』. 이기상 옮김. 까치.

_____. 1982. *Vom Wesen der menschlichen Freiheit. Einleitung
in die Philosophie. Gesamtausgabe*. Bd. 31. Frankfurt am Main:
Vittorio Klostermann.

_____. 1990. *Metaphysische Anfangsgründe der Logik im
Ausgang von Leibniz. Gesamtausgabe*. Bd. 26. Frankfurt am Main:
Vittorio Klostermann.

_____. 1992. *Die Grundbegriffe der Metaphysik. Welt –
Endlichkeit – Einsamkeit. Gesamtausgabe*. Bd. 29/30. Frankfurt am
Main: Vittorio Klostermann.

_____. 1995. *Phänomenologische Interpretation von Kants Kritik der reinen Vernunft. Gesamtausgabe.* Bd.25. Frankfurt am Main: Vittorio Klostermann.

_____. 1997. *Die Grundprobleme der Phänomenologie. Gesamtausgabe.* Bd.24. Frankfurt am Main: Vittorio Klostermann.

_____. 1999. *Hölderlins Hymnen "Germanien" und "Der Rhein". Gesamtausgabe.* Bd.39. Frankfurt am Main: Vittorio Klostermann.

_____. 2010. *Kant und das Problem der Metaphysik. Gesamtausgabe.* Bd.3. Frankfurt am Main: Vittorio Klostermann; 하이데거, 마르틴. 2001. 『칸트와 형이상학의 문제』. 이선일 옮김. 한길사.

하이데거의
『칸트와 형이상학의 문제』
읽기

[세창명저산책]

· 세창명저산책은 계속 이어집니다.